The Psychology of Winning

Denis Waitley

新訳

成功の心理学

人生の勝者に生まれ変わる10の方法

デニス・ウェイトリー 著

加藤諦三 訳

ダイヤモンド社

THE PSYCHOLOGY OF WINNING
by
Dr. Denis Waitley

Japanese translation rights arranged with
Nightingale-Conant Corporation through Tuttle-MoriAgency, Inc.

プロローグ　成功者の条件

ムダにできる時間はない

この本の各章で述べることを明確に理解するために最も重要な点は、「実際に体験する事柄によって人間的な違いが生じるわけではない。その体験をどのように受け止めるかがカギになる」ということだ。

〝成功の心理学〟を考えるとき、人生をスポーツの試合と比較してみるとおもしろい。人生は、たとえばアメリカンフットボールと同じではない。人生にはタイムアウトがないし、選手交代もない。時計は、一瞬のとどこおりもなく時を刻んでいる。

人生とは、シーズンの最後を飾る〝ビッグゲーム〟だとか、公式戦に向けての〝練習試合〟だと考えている人がいる。そして、人生も残り少なくなってきた頃になってやっと、実は歩んできた日々そのものが、まさしく〝ビッグゲーム〟だったことに気づくのである。

この真剣勝負の人生ゲームでは、やり直しがきかないし、夢は、何度も繰り返し壁にぶち当たったり、打ち砕かれたりすることがある。だが、恐れるには及ばない。ここに一つ、勇気づけられる事実がある。**人生の勝敗は、最後の最後にならないと決まらない**ということだ。起死回生の一発というのだってある。人生ゲームは、最後に笑う者が勝ちなのである。

このゲームは、前半戦があまりにも速く過ぎていくことに驚かされる。35歳の青年は、聖書にいう〝人生70年〟のすでに半分を過ごしてしまったということに思いいたって、やっと目が覚める。サッカーの試合で息子のチームが得点されるのを見るたびに、オロオロしてしまう。そんなとき、父親が自分のために同じようにオロオロしていたことが、つい昨日のことのように思い出されるのだ。

娘の参観日に出かけて行けば、自分が通っていたときに比べてあまりにも様変わりしていることに驚かされる。いまでは髪もすっかり白くなった国語の先生に、冗談めかして言ってみた。

「クラーク先生、ずいぶんお年をめされましたね」

しかし、自分も逆襲されずにはいられない。

「デニス、そういう君こそ、私は、君が誰なのか、すぐにはわからなかったよ」

オマル・ハイヤームは『ルバイヤート』(小川亮作訳、岩波文庫、１９７９年 など邦訳多数）の中で、〝時間〟を空飛ぶ鳥にたとえた。しかしそのとき彼は、〝時間鳥〟がどれほど速く飛ぶものかを正しく認識していたとは思えない。ハヤブサがどれほど上手に飛んだとしても、時間のスピードにはけっして追いつけないのである。

私たちは、貴重な時間をもっと大切にすべきだ。厳選されたワインをたしなむように、二重にかかった虹を楽しむように、人生の一刻一刻を味わうべきだ。たとえ私たちが、人生ゲームが開始するホイッスルが鳴り渡る中にいようと、残り45分の合図を聞いているのであろうと、**この試合は勝つために戦っていくのだ**ということを、キッパリと決意すべきである。

ムダにできる時間はないのだ。

人生に関わる3つのタイプ

人生というゲームに関わる人は3つのタイプに分けられる。

まず、**傍観者**タイプ。大多数の人がこれだ。自分の人生に何が起こるか、まるで見物人のように眺めている。彼らは、拒否されたり、ばかにされたり、傷ついたり、負けてしまうのを恐れて、フィールドの中央に出てこようとしない。波風を立てることも、関わり合いになることも好まない。座り込んだままで、世の中の出来事を、スポーツ競技をテレビ観戦するように眺めていたがるのだ。傍観者タイプのほとんどは、勝つことを恐れている。彼らが最も怖がっているのは、敗北ではない。〝勝つ可能性〟を恐れているのだ。勝つことには責任がついてまわり、あとに続く人々の模範にならなければならない、という重荷を背負うことになる。それは、ほとんどの人にとって大変な苦痛となるのだ。だから、彼らは他人がやることをひたすら眺めているのである。

次に、**敗者**と呼ばれるもう一つの大きな集団がある。敗者とは、世界中に何百万人もいる飢えと貧困に苦しむ人々のことを言うのではない。ここで言う〝敗者〟とは、まさにこの世界の、豊かな社会にいる人々のことだ。彼らには勝利などない。なぜなら、彼らは〝のような〟人間であることを望んでいるからだ。〝のように〟見えること、〝のような〟服を着ること、〝のような〟楽しみを得ること、〝のように〟稼ぐこと、〝のような〟家に住むこと、〝のように〟行動すること、〝のように〟生きること……。敗者を見分けるのは簡単だ。彼らはすぐ人をうらやむし、批判する。それでいながら、自分自身をさげすんでいるのだ。そして、みじめな人生を送る者は、同じ境遇の仲間を歓迎する。

3つ目のグループは、**勝者**である。その数は少ない。彼らは、いともやすやすと、ごく自然に自分の望む人生を手に入れることのできる人々だ。彼らは、職場で、家庭で、地域社会で、国中で、一丸となって戦う。自分ばかりではなく、多くの人の利益になる目標を定め、そこに到達しようと努力する。

自分の持てる能力をとことん追求する

〝勝利〟という言葉は、あまりにも実利主義的に聞こえるかもしれない。あるいは、学業における〝優〟の数とか優劣を競うこと、たくましいスポーツ選手などを想像するかもしれない。しかし、その認識は間違っている。**真の〝勝利〟とは、ただ自分の持っている能力を、自分なりにとことん追求することを**意味するのだ。

〝勝利〟とは、生まれ持った才能や潜在能力を生かし伸ばすこと。そして、それを目標や目的に向けて最大限に結集していくことである。〝勝利〟とは、幸せをつくり出すことだといえる。

〝勝利〟とは、自分自身を、高い自己評価を持てる人間に完成させるという夢を実現することである。

〝勝利〟とは、愛情、協力関係、社会的関心を持ち、環境づくりに責任感を持ち、そして、そこから何かを得ることである。

〝勝利〟とは、これまで5番だった成績を、限界まで頑張って4番に引き上げることである。

〝勝利〟とは、他人のために自分自身を惜しげもなく捧げることである。

〝勝利〟とは、他人を兄弟姉妹と同じように大切に遇することである。

〝勝利〟とは、自分が自分自身であることを喜べることである。

〝勝利〟とは、長い間に形成されてきた習慣である。敗北にも同じことが言える。

〝勝利〟とは、無条件の愛情であり、一つの考え方であり、生き方である。

そして、〝勝利〟とは、心構えがすべてなのだ。

才能はどこにでもころがっている。買うこともできるし、かき集めることさえできる。教養を得ることは、簡単だとはいえない。しかし、いまや金と時間さえあれば、賃借りすることもできる。学士号、修士号、博士号など、いくらでも手に入れられる。資格取得証明書で部屋中を飾り立てることも可能だ。だが、世界には、高度な教育を受け、高い教養を身につけながら、他人と協調することができないために、つまはじきされている人がたくさんいる。

成功するか否かを決定づけるのは、心構えである。持って生まれた能力ではない。そして、その心構えは、どんなに大金を積んでも買えるものではない。心構えは売り物ではないのだ。

すべての人間が生まれつき平等であるわけではない。呪われて生まれてきた者もあれば、祝福されて生まれてきた者もある。平等とは創造主につくられた権利ではない。しかし、自ら選んで不平等になる権利は、誰もが平等に持っているのだ。

環境に恵まれていれば、「勝とう」という精神が培われ育つというものではない。私たちは、逆境の中から生まれた偉大な勝者に、何度となくお目にかかっているはずだ。先天的ハンディキャップを乗り越え、スラムから這い出して、勝者の仲間入りを果たした者は数知れない。そこは、自分自身と他人と、双方からの尊敬に満ちている新しい世界だ。

では何が問題なのか?

答えは、心構えである。あなたの心構えが、願望実現へとつながるドアを開くカギともなり、それを閉ざすロックともなる。

潜在能力を開発する3つのサークル

人生というゲームは、3つの主要なエリアで行なわれる（ixページの図参照）。それらは相互に激しく作用し合っている。切り離され、バラバラになることはない。そして、それぞれが、あなたに秘められた無限の潜在能力を発揮するチャンスに満ちている。

敗者にとっては、それらが、3つの会場で同時に繰り広げられるサーカスのように思えることだろう。そこでは、あまりにも複雑な演技が目まぐるしく同時進行している。敗者は、焦点の定まらないうつろな目で、茫然と眺めていることしかできない。

勝者の目には、その光景が、成長を中心点にして、3つの同心円が互いに協和していると映る。そして、それぞれのゾーンがほかのゾーンを補足し合って〝勝者の世界〟を形成している。

いちばん外側の円は、**あなたを取り巻く世界**だ。あなたに影響を与え、あなたに行動を起こさせる外部の刺激がたくさん含まれている。ここは、あなたにとって外交の場であり、仕事上の、社会での、家族との、交流や教養を高めるための活動、レジャーなどが繰り広げられている。

今月、あなたは日の出と日の入りを何度見ただろうか？　ためになる本を何冊読んだだろうか？　何本の教育プログラムを聞いただろうか？　コアラがユーカリの木に登るのを見にオーストラリアまで行ったことがあるだろうか？　今月、ヨットに乗っただろうか？　家族が何をしているか知っているだろうか？　今月、恵まれない子どもたちのために食料や衣服を寄付しただろうか？　収入は増加しただろうか？　将来に不安はないだろ

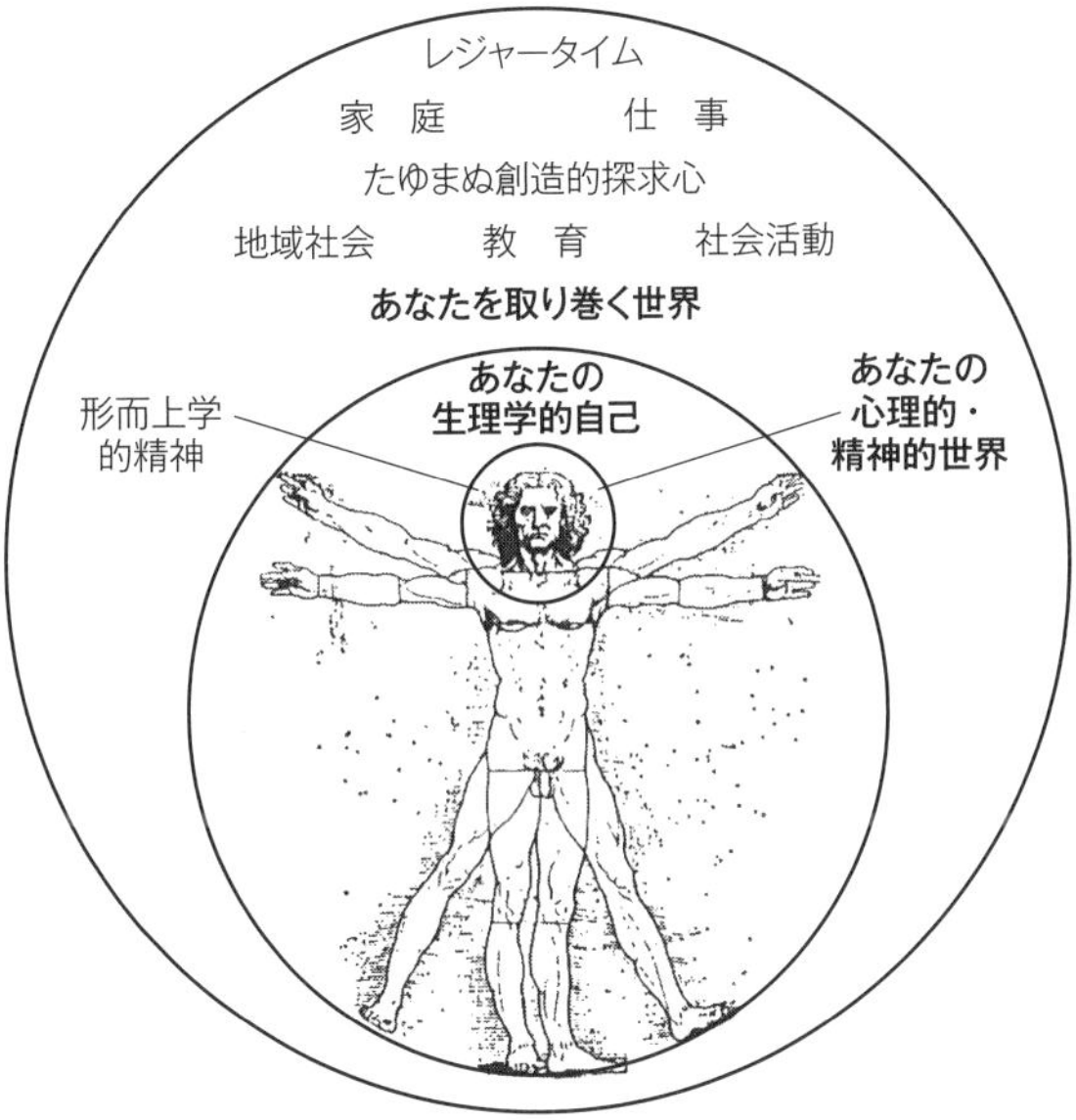

うか？　社会福祉に期待してはいないだろうか？　そして、社会、つまりあなたを取り巻く世界に与えるものと、そこから得るものが十分あるだろうか？

次の円は、**あなたの生理学的自己**——肉体を形成する皮膚、骨、細胞、内臓器官、筋肉などに関するものだ。現代は飽食の時代だ。私たちの多くは食べすぎている。豊かさの質が問題にされなければならない。

最近の身体の調子はどうだろう？　太りすぎて動くのもおっくうになっていないだろうか？　神経質にやせ細っていないだろうか？　階段を上ると息切れがしないだろう

か？　肉体というあなたの優秀な自動車、たった1台きりの生命運搬車に、どんなガソリンを注入しているのだろうか？　肺はタバコの煙で満タンになっていないだろうか？　脳と肝臓はアルコール漬けになっていないだろうか？　高タンパク食品と栄養を十分にとっているだろうか？　お手軽なジャンク・フードで間に合わせてはいないだろうか？　レースに合わせて整備したフェラーリのように、体調はいいだろうか？　修理もされず、傷《いた》むにまかせて道端に放置され、鉄の固まりのようになっていないだろうか？　そのまま使い続ければ、たちまち壊れてしまうのだ。

勝者は、身体は新品と交換できないことを知っている。また、他人との、自然とのつき合い方、いろいろな外的世界との関わり方によって、健康が大きく左右されることを承知している。

いちばん内側の円は、**あなたの心理的・精神的世界**だ。見かけは最も小さな円が、実際は、人生の最も大きな位置を占める部分である。ほかの二つの部分におけるあなたの反応と行動をコントロールしている場所であり、あなたの精神と知性の中心で、思考はここにある脳と中枢神経がつかさどっている。この円の大きさが、人生の豊かさを物語るのだ。

初期の心理学の権威、ウィリアム・ジェームズ博士によると、脳の知的潜在能力は、最も有効に使っている人でも10パーセントも使用できていないという。そしてＵＣＬＡの脳研究所では、人間の脳の創造量は、無限大だろうと発表している。

つまり、**自分で課した制限以外、人間には何の制約もない**のだ。

人間の脳は、コピー機、カメラ、ビデオ、プロジェクタ、コンピュータ1000台、マイクロフィルムカートリッジ100億個分のすべてを、一つの貯蔵用バッテリーの中に細心の注意を払って収め、電解溶液に浮かせたようなものに匹敵する。

この手つかずの、無限大の資源を持ちながら、どうして私たちはもっと創造的になれないのだろう？　どうしてもっと素晴らしい発明ができないのだろう？　そして、なぜ成功できないのだろうか？

怠惰、それが障害物の一つであることは確かだ。しかし、なぜそんなことを乗り越えられないのか？

もう一つの大きな障害物は、恐怖だ。「それは冒険だ。私には危険すぎる」。消極的態度がもたらす低い自己イメージは、活力を発揮するに当たって最も大きな障害となる。これが、人間の解放、すなわち自己実現への道を妨げている。

何が問題なのか？　答えは心構えである。世に出て、いい結果を生み出そうと思ったら、脳に建設的な思考をさせなければならない。この世のいろいろな刺激に対し、口先だけの表面的反応をするのではなく、正しく発展的な発想を身につけることを学ぶべきだ。

人生の勝者となるための10の方法

このプロローグに続く10章の中に、成功する人生のための10の方法が述べられている。これらは、性別、人種、信条、環境のいかんを問わず、成功している人間に共通して見られる特質だ。建設的で、勝利を導くこれら10の行動の要素は、生まれたときから誰もが持っている性質を基礎にしている。つまり、**平均的な人間を順序立てて訓練していくことによって、傑出した勝者に変える**方法を示している。平均的人間が成功するための秘訣を語っているのだ。

あなたは、いままでも成功するための本を読み、語り合い、試してきたはずだ。私は、ここに人生の勝者となるための10の方法を〝勝つための計画〟として提案する。あなたの目標がどんなに高いものであろうと、あるいは控え目なものであろうと、あなたはこの計画にもとづいて自分自身の試合を戦うべきだ。

気分を一新して、自分が戦いたいように戦うこと。しかし、どんな戦い方をしようが、勝利を目的として戦うのだということを忘れてはならない。

人生は、練習試合ではない。毎日があなたの公式戦なのだ。

新訳

成功の心理学

目次

プロローグ　成功者の条件……i

第1章　積極的な自己認識……3

第2章 肯定的な自己評価

第3章 率先した自己コントロール

第4章 モチベーションを高める

第5章 大胆な自己期待を持つ

新訳

成功の心理学

1章

積極的な自己認識

●勝者の本質

「正しい自己認識、広い視野、思いやり、寛容、柔軟性」

○敗者の本質

「現実逃避、無関心、無感動、偏見、頑固、自己中心」

●勝者の独り言

「私は自分自身の能力を知り、何をなすべきかを知っている」

○敗者の独り言

「世の中なんて、なるようにしかならないものだよ。努力したってムダさ」

【神よ、私に他人の気持ちを知る能力を授けたまえ。】

成功者は自分をよく知っている

毎日の生活の中には、当然のこととして気にもとめないでいる事柄も多い。だが、本当に〝当然〟だろうか？　〝当然〟なこととは、自分にとって当然なのであり、他人にとってはそうではないかもしれない、と思ってみたことはあるだろうか？

成功する者は、自分の置かれている立場をよくわきまえている。ほんの身近に起こる出来事でさえ、理解が及ばないことも多いのだと知っている。成功者は、自分の認識と他人の認識は違うことをはっきりとらえている。また、なぜ自分がそのような認識を持つにいたったかを理解しているはずだ。

成功するためには、まず、自分をよく知ることから始めなければならない。

自分をよく知ること。それは自分自身を直視し、ごまかさないことだ。自分の認識のありさまを常に点検し、検証することが求められている。自分を知り、自分の能力を信じ、かつ、常に向上心を忘れないことが成功の秘訣ともいえる。

誠実であること。これも成功する条件の一つだ。他人の財産や信用に対して誠実ということではない。自分自身に対して誠実であるということだ。

物事をいいかげんに処理したり、上司に取り入って楽をしようとしたり、自分ですべき仕事を他人に押しつけたりしてはいないだろうか？　真の成功者は、けっして努力を惜しんだりしない。自分の心の奥底までのぞき込んだとき、後ろめたいことがあるようでは、成功はおぼつかない。あなたの考え、感じることが行動と一致し、大きなズレがないとき、あなたは成功への道を歩んでいることになる。

自分自身と世の中の出来事との正確な距離を知っておくことも必要だ。周囲では、いま何が起こり、自分には何が求められているのか。常に世の中の推移に気を配り、自分の世界を広げる努力を惜しんではならない。世間の動向は、自分にどう関わり、また「いま、自分は何ができるのか」と問うことが、成功への第一歩だ。成功する者は、自分には多くの可能性があることを信じている。そして、どうしたら自分の能力を生かすことができるのかを探っている。

物事をあらゆる角度から考えること、思考に柔軟性を持たせることも必要だ。たとえ苦境に陥っても、逃れる方法は一つとは限らない。ほかにやり方はないのか、別の可能性はないのかと、固定観念にとらわれずに模索することが、真の打開への道だ。成功者は、世の中には〝絶対的〟なことなど何もないと知っている。どんな状況に置かれても、広い視野を持ち、バランスのとれた目で物事を見ること。そうすれば、必ず打開策を発見することができる。

斬新なアイデアを示されると欠点探しにうつつを抜かし、いざ実行となると尻込みするような者は、敗者への道をたどる。素晴らしいチャンスが到来しても、敗者は常に臆病で、保守的で、チャレンジ精神のカケラも持たない。そして、あとになって必ずこう言う。「あのとき、私もそうしようという気持はあったのだ。しかし、リスクが大きすぎた。彼は、たまたま成功しただけさ。ああ、でも、思い切ってやっておけばよかったなあ」と。グチと後悔は、敗者の専売特許だ。

勝者とは、周囲の状況を怠りなくキャッチし、的確に判断し、自分自身にできうる最高のことを速やかになせる者のことだ。そのためには、自分自身の特質を知ること、そして、自分を取り巻く世間の状態をきちんと把握していることが重要なポイントとなる。

違っているからこそ人間

自分が真っ白い肌をしているからといって、日焼けしたスポーツマンの褐色の肌をうらやんだことはないだろうか？　背が低いからといって、長身の人をうらやんだことはないだろうか？

うらやましいという気持ち、それは一つの価値観を表わす。日焼けした長身が望ましい、つまり背の低い色白の男は、賞賛に値しないと自分で決めつけていることになる。あなたは、皮膚の色や国籍、出生地、貧富の差、性別、学歴、家柄などで、いわれなき差別をしてはいないだろうか？　もしそうであれば、あなたはすでに成功への道を放棄したも同然だ。「皆がそう言っているから」「子どもの頃からそう教えられてきたから」と言いながら、何の疑いも持たないのは正しいことだろうか？　世の中を色眼鏡で見てはいけない。

人間は一人ひとり違っているのが当たり前だ。外見はそっくりな一卵性双生児でさえ、指紋一つとってみても違っている。顔つきや体格、足の形まで違っているように、その能力や感性、考え方も違うのだということを肝に銘じよう。

人間は、それぞれの外見が違うように、それぞれに違ったレンズを通して物事を見て、違ったフィルターを通して感じ、それぞれ違った音をかき鳴らしている。自分と違う音は、会社でも、家庭でも、国際社会においても聞こえてくる。自分と違う者を否定するところからは、何も生まれてこない。違っているからこそ人間なのだから。

人は、一人ひとりが個性を持った存在なのだという事実を認め、また、世界中の人間一人ひとりが、自分の能力を生かすために平等な権利が与えられていると理解することが必要だ。他人の個性を認めることができるなら、相手の立場になって考えることもできるだろう。

相手の立場に立つ

それぞれが個性的存在だという事実を認め、相手の立場に立って、その考え方を理解できるか否かが、勝者と敗者の分かれ目であるといっていい。それは、相手に同情するというような次元の問題ではない。自分と相手とが渾然一体となり、自他の区別がつかなくなるほどの共感とでもいえるだろうか。

たとえば、ゴール直前のマラソンランナーを見ていて、自分の足に痛みを感じたり、映画『ロッキー』を見ていて、最終ラウンドには、自分の腕も上がらなくなるほどの疲労を感じたりしたことはないだろうか?

その種の共感を日常生活に取り入れる。そして、相手の立場に立つことができたら、その目で自分自身を観察してみることだ。自分を妻の、子どもの、部下の立場に置いて、「私のような者を夫にしたいだろうか？　私のような父を持ちたいだろうか？　私のような上司のもとで働きたいだろうか？」と考えてみる。

行動科学の第一人者であるジェームス・ニューマンのセミナーでこんな話があった。クリスマスの日に5歳の息子を連れて、ブロードウェイに買い物に行った母親の話だ。

街にはクリスマスソングが流れ、ウィンドウは豪華に飾りつけられ、サンタクロースが街角で踊る。店頭にはおもちゃもたくさん並べられていて、5歳の男の子は目を輝かせて喜ぶに違いないと母親は思った。ところが、思いがけないことに、息子は母親のコートにすがりつき、シクシクと泣き出した。

「どうしたの？　泣いてばかりいるとサンタさんは来てくれませんよ」

「あら、靴のひもがほどけていたのね」

母親は歩道にひざまずいて、息子の靴のひもを結び直してやりながら、何気なく顔を上げた。

何もないのだ。美しいイルミネーションも、ショーウィンドウも、プレゼントも、華やかなテーブルの飾りつけも。何もかも高すぎて見えない。目に入ってくるのは、太い足とお尻が、押し合い、ぶつかり合いながら行き過ぎていく通路だけだった。それは、何とも恐ろしい光景である。

母親が5歳の子どもの目の高さで世界を眺めるのは、これがはじめての経験だった。母親は驚き、すぐさま子どもを連れて家に戻った。そして、二度と自分を基準にした楽しみを子どもに押しつけまいと心に誓った。母親は、子どもの立場に立つというのはどういうことなのか、身をもって知る貴重な体験を得たわけだ。

このようなことは、子どもばかりにではなく、若者にも、異性にも、外国人にもいえることだ。それだけではない。年齢、性別、外見の相違があるなしにかかわらず、すべての人に当てはまることである。

ふだん何気なくつき合っていた人々の中に、自分とまったく違う点を発見して驚いたことがあるだろう。なんとおかしな考えを持っている人が多いことか。だが、おかしな考えを持っているのは、はたして他人だけなのか？　自分のほうにこそ、どこかおかしな点があるのではないか？　何が正当で、何が間違いなのか、確信を持って答えられる人間などいない。

人間は、その生きる時代や環境によって変化する。人間はいまだ未完成なもので、流動し、成長する。**成功への道は、人間は変わっていくということへの理解から始まる。**

環境に適応する

環境の変化に応じて、自分を変えていける者こそ成功する。そのためには、自分を取り囲む人々や、周囲で持ち上がる出来事と自分との関わりを理解していることが必要となる。

環境に適応することができるか否かが、勝者と敗者の分かれ目となる。また、順応性を身につけることは、心身ともに健康を保つために不可欠であり、さらに、今日のように人間相互の信頼関係を保ちにくい世の中で、生き残っていくためのキーポイントともなる。

ここ50年のエレトロニクスの進歩には目を見張るものがある。今日では、インターネットを通じて、莫大な量の情報が瞬時に処理される。1日の情報量だけで、私たちの祖父や祖母が一生かかって得た情報よりもはるかに多い情報が集まる。人類史上、今日ほど、急速に変貌する世の中に対応し、適応する能力が求められた時代はない。

この**適応力こそ、成功者の資質**といえる。勝ち抜くためには、日々の試練や苦痛を和らげ、周囲の状況に対応する術を身につけなければいけない。環境に適応する力さえあれば、無気力に陥ったり、深酒に自分をまぎらわせて現実から逃避するような羽目にはならない。

一般に、成功者は強靱な精神力を持っているといわれる。しかし、その精神力も、生まれながらに備わっていたものではない。一生のうちには、失敗することもあり、逆境に立たされることもある。勝敗の分かれ目は、そうした体験をどう生かすかにかかっているのだ。負の体験は体験として積極的に受け止め、その原因をはっきりと自覚すべきだ。そうすれば、その体験は、やがて不安やストレスに打ち勝つ強い精神力を培うこやしとなっていく。

誰しも苦痛など感じたくはない。失敗に対する恐怖心だって、あるのが当然だ。だからといって、酒や薬で自分をごまかしていたのでは、前進はない。安易な逃げ道を選ばず、積極果敢に難関へと立ち向かい、克服していこうとする態度の人にこそ、成功が待ち受けている。

人間には、防衛本能が備わっている。危険が忍び寄ると、無意識に身構えるものだ。そして、危険の種類によって、攻撃するか逃げるかを選択する。この危険に対する人間の反応は、太古から変わりないものだといえるだろう。もっとも、危険の種類は、昔と今とでは天と地ほどの違いがある。

原始時代の危険といえば、ときおりマンモスに出合ったり、まれに猛獣の姿を見かける程度のことだった。

現在では、危険はいたるところにころがっている。雑踏の街を歩けば見ず知らずの人に突き飛ばされる。ハイウェイを走れば、猛スピードで突進してくる車にギョッとさせられる。誰しも、一度や二度は命からがらの目に遭っていることだろう。

こういったことは、現代では避けられない事態だ。何事も用心に越したことはないが、こうした事態に過剰な反応を示す一群がいる。些細なことにすぐカッとなって怒ったり、被害妄想に陥って、敵意のない者に立ち向かっていったりする者たちのことだ。彼らは、地震や火山の噴火などにも異常な恐怖心を持ち、現実に起こる可能性のないときでも、恐れおののいて逃げまどう。まるで、自らストレスをつくり出しているようなものだ。そのためにアドレナリンは増加し、動脈は収縮し、心臓の鼓動は速まり、血圧がはね上がり、精神的にも肉体的にも健康はむしばまれていく。

不安をまぎらすために酒、タバコに頼り、その結果、ますますストレスがたまる。立ち直ろうとすればするほど、イライラは高じ、そのためによりいっそうの深酒をしたり、最後には精神安定剤に頼ろうとさえする。

この悪循環を続ける者に、成功への道が開けるなんて信じることができるだろうか？

ストレスとつき合い、適応力を養う

ストレスと現代病との関係の研究者であり、アメリカ心臓学会理事で国際ストレス基金理事長を務めたロバート・エリオット博士は、心臓発作による急死や心身症の主原因として「見えないワナ」症候群（invisible entrapment）や、根深い悩みをあげている。つまり、急速に変化する世の中にうまく適応できない人々が不安や心配、フラストレーションによって心臓発作を起こすケースが多いということだ。

ハンス・セリエ博士は、ストレス研究の世界的パイオニアだ。彼は、著書や私によるインタビューの中で、次のように述べている。

「人は自分に適した、健全なストレスのレベルを発見すべきだ。そして、そのレベルの範囲内にストレスを収めておくべきである」

セリエ博士は、人間は生まれながらに競走馬と亀に大別されるという。競走馬は走るのが使命だから、檻の中に閉じこめられると死んでしまう。一方、亀は、自分のペースでゆっくり一歩ずつ進んでいくのが、その持って生まれた性質だ。亀を速すぎる踏み車の上に乗せてむりやり走らせると、疲労して死んでいく。

自分は競走馬の特質を持って生まれてきたのか、亀として生きる運命を担って生まれてきたのか、はっきりと判断すべきである。自分のペースに合わせて行動していれば、ストレスもたまりにくいといえるだろう。自分らしいやり方で、周囲とのバランスをとり、適応していくのが心身の健康を保つうえで大切なことだ。

常に自分をリラックスさせた状況に置いておくこと。何が起こっても臨機応変に対応していくためには、リラックスした状態で待機しているに限る。

愛情や喜びのような感情を表現することは、素晴らしいことだし、常に楽しくいられればそれに越したことはない。敵意、怒り、憂鬱、孤独、不安などの感情は、できれば持たずにいたいものだ。人と対立したり、敵意や怒りを持ったら、立ち止まって大きく一つ深呼吸してみよう。たいていは、それで心が落ち着くものだ。本気で戦わなければならないときというのは、生涯にそう何度もあるものではない。しかし、そのときがきたら、命をかけて戦え。ダメだと思ったら、何もかも捨てて逃げろ。

精神をリラックスさせるには、肉体をリラックスさせておくことだ。ジョギングするとか、ハンドボールやテニスなど、生活にスポーツを取り入れて、毎日ひと汗かくとスッキリする。とくに感情的になりがちな人には、軽い運動をして深呼吸することをすすめたい。気持ちが鬱積していると、感情的になりがちだ。自分を押し殺しているときは、心身ともに疲労がたまる。自分の長所を伸ばし、自分らしく仕事し、自分らしく生きていけるように、自分自身で方向を定め、コントロールしていけるよう努力することだ。

医師ウィリアム・オスラー卿は、医学生にこう言っていた。

「興奮したりせず、落ち着いていること、それは人間にとっていちばん肝心なことだ。どんな局面にも冷静、沈着さを失わないこと。そうすれば、重大な危機に直面したときにも、的確な判断を下すことができる」

カギは適応能力である。自らの置かれた立場をはっきり認識し、そのうえで柔軟な考え方をすることができれば、周囲の人々の行動も見えてくる。相手の行動を予期することができれば、おのずから対処の仕方も予測できるし、不意を打たれて戸惑うこともない。自分はどこにいるのか、それを知るためには、無理をしないで生きられる環境をつくり、周囲を見渡せる余裕を持つことが第一条件となる。

日々のストレスに対する適応力を身につけるための最良の方法は、**「ストレスはあって当たり前」という認識を持つ**ことだ。まったくストレスのない生活など考えられないのだから、ストレスを回避しようとせず、ストレスそのものを暮らしのプログラムに組み込んでしまえばいい。

ニューギニアとオーストラリアの間に、グレート・バリア・リーフという大きなサンゴ礁がある。アール・ナイチンゲールは、息子とともにこの地を訪れ、こんな発見をした。

全長3000キロ近くにも及ぶ、この巨大なサンゴ礁の内側は、穏やかな海で波も静かだ。そして、そこに生息するポリプも静かに揺れている。一方、荒い波や潮の干満に洗われているリーフの外側はどうだろう。生きにくい環境であるはずなのに、ポリプは見事に成長し、かえって生き生きと輝くような美しさではないか。

「リーフ内のサンゴは、生存競争がないので急速に死んでいきます。外側のサンゴは波に洗われ、流れに逆らい、海との闘いのなかで成長し、繁殖しています。こういう現象は、地球上のすべての生命に当てはまるのではないでしょうか」

と、現地のガイドは説明した。そうなのだ。人間も日々のストレスや苦難と闘ってこそ、大きく成長することができる。

積極的な自己認識とは、**行動しない者は行動できない者と同義だと知る**ことだ。根気よく学び、環境に適応する者こそ成長する。

真実から目をそむけない

成功するためには、真実を求め、真実から目をそむけないことだ。かつて成功した者はすべて、嘘やごまかしを見抜く目を養うことを、その成功の第一歩としている。本来、私たちは誰でも、真実を見抜く能力を持っているのだ。しかし、その能力は、使っていないと鈍化し、いつかは摩滅してしまう。

私たちは、常に真実を求め、真実に対して自分をごまかさないよう努力すべきだ。真実を歪曲してまで手に入れた成功は、しょせん、偽りの成功にすぎない。真の成功を得るためには、もっと別の方法があるはずだ。たとえ、それが苦難の道であろうとも、真実にもとづいた可能性を探っていくこと。それこそが、結局は輝かしい成功につながるのである。

人間社会は、真実、誠実、正直の3つの柱を基礎にして成り立っている。先達の成功も、すべてこの3つの要素を除外しては語れない。そのどれか一つが欠けても、真の成功は望めないのだ。

どんな環境に置かれても、正しい自己認識を持った健全な人間でいるためには、日常の一つひとつの事柄、行動に対して、「これは真実だろうか?」「正直な考えといえるだろうか?」と、自分自身に問いかけてみることだ。胸を張って「イエス」と答えられるなら、あるいは先輩たちから「正直だ」と評価されるなら、あなたの考えはおおむね正しい。

目的達成に向けて、積極的に行動を起こすべきである。結果の正否はあなたにかかっている。**最初に真実さえ見誤らなければ、あなたの道は成功へと続いている。**

真実を見抜く目を持った者は、他人と自分との差異にも敏感だ。そして、自分ばかりではなく、他人がいま何を必要としているか、何を求めているかも見抜いている。

成功をあせることはない。あなたには、まだ時間がたっぷりと残されているではないか。しかし、時計の針は休むことなく回り続けていることも、忘れてはならない。残された時間を手をこまねいて見送っている者に、勝利の女神は微笑まない。

ムダにできる時間はないのだ。

まとめ　内容がしっかりと頭に入るまで、1ヵ月間繰り返し読むこと

成功する者は、自分が何者かを知っている。自分の置かれている場所、果たすべき役割、そして自分の能力を知っている。目標を見極め、到達するための手段を知り、そのためにいまなすべきことを心得ている。

これらのことを認識したうえで、経験を積み、洞察力、判断力を身につけ、自らの道程を省みて常に軌道修正を怠らず、知識を増やす努力を続けるところに成功への道は開ける。

勝者は知っている。強気で勝負に出ることだけが成功する方法ではないことを。つまらないミスを避け、自分の弱点をカバーしていくのも、地道だが一つの方法だ。成功する者は、他人に対しても自分に対しても正直だといえる。楽観的予測や無理な方法で物事を強行しない。勝者は、機を見る目も確かだ。

敗者のグチは相場が決まっている。「チャンスさえあれば、私だって成功することができる。他人は、私の能力を過小評価している」というものだ。

人生を正直に生きなさい。あなたにはチャンスがある。1回しかない人生なのだから、有意義に、心豊かに過ごそうではないか。向上心を持って、意欲的に人生を送るべきだ。背

中を丸めて寝ころんでいても、チャンスが向こうからころがり込んでくることはない。

自分にできることが、まだあるはずだ。本当にやれるだけやってみたのか、すべての可能性を試み、模索していく前向きの姿勢で人生に臨めば、自然にライフスタイルも変わってくる。周囲の人々の反応も変わってくるはずだ。

自分自身を信じなさい。ほかの誰でもない、自分自身であることに誇りを持ちなさい。

心身ともにリラックスすること。ストレスを感じたら、それを回避するのではなく、排除するか、自分の中に取り込んでしまうことだ。「環境が悪いからできない」と言わず、自分を取り囲む環境を、自らの手で変えてしまおう。環境が変われば、いままで障害になっていたものが、次なる活力へと変わる。

それでもなお、障害として横たわるものがあるならば、今度はその障害に自分を適応させていくことだ。回り道のように感じられても、結局、それが成功への近道となるに違いない。

自己認識をより積極的に行なうために、今日から始める10のこと

①定期的に健康診断を受ける

毎年、血圧検査、尿検査などを行なうこと。そして、血液検査、心電図、消化器系、

X線、視力検査など、各種の精密検査は2年ごとに受けること。

パンクしたり、エンジントラブルを起こしたり、バッテリーが上がってしまってから医者に駆け込んだのでは遅いのだ。事前チェックを怠らず、常に健康体であるよう努める。虫歯や歯槽膿漏を放置しておかないこと。毎日、歯磨きをしているからと高をくくっていないで、痛みがこないうちに、治療すべきものは徹底的に治療しておいたほうがいい。

思い立ったらすぐ、いますぐ電話をして予約しなさい。「いずれヒマなときに」、と1日延ばしにしていたら、そのときは永遠にこない。いま実行すること。

②世の中の出来事すべてにもっと好奇心を持つ

話題の本は書評やダイジェスト版に目を通す。これでベストセラーの知識はほとんど吸収できる。会社に図書室があれば、そこの司書と友達になろう。近所の図書館でもいい。昼食をともにしながら、彼らの知識を我がものとすることができる。

健全な心と身体に関するセミナーや講演会に積極的に出席し、知識を得ること。

自分の専門分野で成功している人から助言を得る。趣味を同じくする人でもいい。

成功した人々は、一様に自分の経験を語るのが大好きだ。積極的にアプローチすれば、驚くほど熱心に助言してくれる。

③型にはまった生活はやめる

毎日、毎週、毎月、同じことの繰り返し、判で押したような暮らしのパターンを変える。テレビを1ヵ月間見ない。いつもと違うルート、交通機関を使って出勤する。家族と待ち合わせて音楽会へ行く。考えれば、いくらでもあるはずだ。混雑した街なかを運転する代わりに、緑の多い公園を歩いてみれば、ずっと心が落ち着くことを発見するだろう。

④自分を確認するリストをつくる

1枚の紙に「自分の得意なもの」を10項目あげ、もう1枚の紙に「反省すべき点」を10項目書き出してみる。

反省すべき点のリストの上から3つを取り上げ、それぞれについて改善するための行動計画を立てる。改善に力を貸してくれる人を見つけることもいいだろう。そして、残った7つの反省点はきれいさっぱり忘れてしまうこと。

10の長所については、しっかりと記憶にとどめ、大事に身につけておくことだ。長所は、あなたが何をするときにも、必ず力になってくれる。

⑤自分を他人の目で見る

ときには親の目で自分を見る。あるいは、配偶者、子どもになってみるのもいい。

自分の姿はどう映るだろうか？

オフィスに入っていくとき、周囲の人たちはあなたをどう見ているのだろうか？「おしゃれで自信たっぷり」に見えるのか、「冷淡で神経質そう」に見えるのか。あなたが神経質に見えるとしたら、それはどうしてなのかを考えてみることだ。

⑥自分を自分自身の目で客観的に見る

これは簡単そうに見えて、実は、誰にとっても非常にむずかしいことだ。

客観的に自分を見るための方法を一つお教えしよう。目の部分だけくり抜いた紙袋を頭からかぶり、全裸で、全身を映し出す鏡の前に立ってみること。そして、自分の姿をじっくり眺める。鏡の中の自分に向かって、今日の出来事を語りかける。びっくりした体験を話してみる。

来る日も来る日も、同じようにして鏡の前に立てば、やがて鏡の中の自分を見慣れてくるだろう。そうすれば、自分の欠点を客観的に見つめることができるようになる。

顔を隠すことによって、あなたは裸の他人になる。

⑦一人になる時間を持つ

身体をリラックスさせ、腹の底まで大きく息を吸い込む。そして、ゆっくりと吐き出す。サッカー場くらい大きなウォーターベッドの上に手足を延ばして、ゆったりと寝ているつもりになる。

1日24時間のうち、最低30分はこんな時間を持ちたい。心身ともにリラックスして、あらためて確認しよう。自分の人生は、誰のものでもない、自分自身のものだということを。あなたを取り巻くすべてのものは、あなたの目で見て、心で感じ、身体で経験しているのだということを忘れないように。

⑧真実を求め、真実を語ろう

広告や流行に惑わされて、欲望の虜になっている人々がなんと多いことだろうか。社会は自らの価値基準を忘れ、慢性的な欲求不満に陥っている。こんな現象の犠牲者にはなるまい。

感銘を受けた読み物に出合ったら、必ずその出所を確認すること。疑問点を発見したら納得がいくまで調べることだ。大学の研究室に訪ねてみてもよい。本気で調べようと思えば、手段はいくらでもある。

あなたの見つけ出したものが、前例のない新発見であると思うなら、迷わずマスメディアや政府機関、インターネットなどを通じて公表すべきだ。ただし、ここで覚えておいてほしいことは、あなたが考えることは、すべてあなたの経験と情報源から得た材料をもとに判断したものにすぎないということだ。的確な判断を下すためには、よりよい情報源を、広く持たなければならない。そして、なんでも一応は「本当にそうかな？」と疑ってみること。

柔軟な心は偏見のない探求を可能にする。懐疑心は、物事の有効性を調査し、テストするのに役立つ。

⑨子どもや年上の人を思いやること

幼年期は、大人へと成長する一過程であるばかりではない。それは、夢と未来を秘めた素晴らしいひとときであることを忘れないでほしい。

子どもたちの夢に耳を傾けてやろう。子どもの意見や感想をおざなりにではなく、真剣に聞いてやろう。その子の才能を伸ばすために力を貸してやろう。

子どもは、いろいろな活動をし、目標を持ち、限界を感じたり注目を集めたりしながら、いつしか大人になっていく。子ども時代に別れを告げるのは寂しいことでもあるが、一方で輝かしいことでもある。

年を取っていくのは残念ではあるが、学校で最上級生になったように、あとに続く者たちのお手本となり、また、よき助言者になっていかなければならない。子どもは大人の鏡だ。

⑩相手の立場に立って考える

相手の置かれている状況に自分を当てはめてみて、自分ならどう感じるかを考えてみること。批判をしたり、判断を下す前に、相手がどうしてそのような行動をするにいたったかを考えてみることだ。出会う人すべての立場に立って考えることはできないにしても、あらゆる可能性を想定してみることはできる。自分の経験だけで独断に陥らないこと。これが積極的な自己認識へのキーポイントとなる。

自分自身を愛し
その愛を人々に分け与えよう。
あなたが感じている
すべての愛を
いますぐに。

2章

肯定的な自己評価

●勝者の本質
「自分の真価を知る、自尊心を持つ、自信を持つ」
○敗者の本質
「自分をさげすむ、疑心暗鬼に陥る、他人の目を過剰に意識する」

●勝者の独り言
「自分であることが素晴らしい」
○敗者の独り言
「違う人間になれたらなあ」

【自らを愛しなさい。自分を愛することができなくて、どうして他人を愛することができよう。】

自分を肯定的に評価せよ

自分を正当に評価すること。これは、成功するための最も重要かつ基本的な事項だ。勝者は、心の底から自分の存在価値を確信している。

「私は自分が好きだ。自分が自分であることを心底受け容れている。生い立ちや育った環境も含めて、よかったと思う。どんな時代に生きようと、私はほかの誰かであるより、自分でありたい」

成功者は、こう自分に語りかけている。この前向きなセルフトークこそ、肯定的な自己評価につながっていく。**勝者は、自分には生きる価値があるという強い自信を持っている。**

このような自己肯定の感情は、必ずしも生得的なものとはいえない。ほかの習慣と同じように、日々の鍛錬の中から学んだものだ。

もちろん、これらを持って生まれた人々もいる。富裕な両親、美しい両親、知性と才能を兼備した両親に恵まれた者もその一人だ。多くの子どもたちは、幼年期に、成功を収めた両親や優秀な先生、先輩や友人に勇気づけられ、教育された結果、自分に自信を持つ人間に成長している。そういう両親や先生たちは、子どもたちに小さい頃から、「あなたには能力がある、それをもっと伸ばしなさい」と肯定的なアドバイスをしているはずだ。おそらく、こうすることがよき両親となるいちばん重要な要素といえるだろう。子どもたちに勇気を与えることだ。大人の世界も基本的には同じである。よき上司になるためには、部下のよい素質を引き出し、伸ばすこと。これに尽きる。

しかし、現実にはこれと矛盾するような現象もかなり見られる。非常に裕福で、美しく、傑出した才能に恵まれた、非の打ちどころのないような人の子どもが、負け犬となってしまうことが往々にしてある。家柄や伝統の重みに押し潰され、自分らしく生きることができない。そのうえ、上流社会の仲間たちにもうまく溶け込むことができない。

生まれたときから恵まれすぎていると、「成功しよう」と思う向上心が育たない。また、日々の暮らしが豊かであれば、変化を望む必要もなく、望んだとしても気力が湧き起こらないということもあるだろう。

反対に、貧しかったり、家庭環境に恵まれない家に生まれた子どもたちの中から、傑出した人物や世界的な業績をあげる学者が現われたりする。これは、自分の生まれ育った環境に対する反発が向上心を生み、向上心が偉大な業績を育てた結果といえよう。

失敗した人や、うだつの上がらない人の話を聞くと、自分に対する評価が低いことに驚かされる。

ほとんどの犯罪者もまた、自己評価が低い。ハイジャック犯や世界的指導者を暗殺した犯人たちに関する研究がある。それによると、こういった攻撃的な人物は、案外、寂しがり屋で、自分を著しく低く評価している人が多いとのことだ。

自分に対する評価を高めるためには、〝**自己啓発は一生ものの計画だ**〟と認識する必要がある。この認識を持ち、たゆまぬ努力をした者が成功を手にすることができる。

子ども時代、私たちは誰しも半人前扱いをされる。「こうしなさい」「ああしてはダメ」と言われ続け、大人より劣る人間として自分を価値づけながら成長することになる。

「口答えするんじゃない。大人の言うことを聞きなさい」

「さわっちゃダメ。あなたは、まだ子どもなんだから」

「お父さんにどうすればいいか教えてもらいなさい」

など、あらゆる機会をとらえて、子どもであることの劣等性をあげつらわれ、叩き込まれてきた。

とりわけ、いつも叱られてばかりいる子どもは、問題児となったり、親に反抗したりする。ここから親子の断絶が生まれたりもするわけだ。なかには、〝自分は周囲の人間より劣っている〟という幼児期の劣等感を引きずったまま大人になってしまう者たちもいる。彼らは、自分を傷つけ、苛立たせるような心の棘《とげ》を内包したまま成長し、成長するに従ってその棘もまた、彼らの潜在意識に深く食い込んでいくことになる。

変化を恐れるな

何世代にもわたって、原因不明の病気がもとで早死している南アメリカの原住民がいる。この種族を研究している科学者のグループが、病気の原因を突き止めた。それは、日干し粘土でつくられた家の壁に住みつく毒虫に刺されるためだった。

原因が究明された結果、原住民には、病気にかからないためのいくつかの方法が考えられるだろう。たとえば、殺虫剤で毒虫を殺す、家を壊して建て直す、毒虫がいない場所へ移動するなどだ。

ところが彼らは、祖先たちと同じような生活を変えようとせず、早く死ぬことを選んでいる。

多くの人が、自分自身の成長や発展の機に臨んで、無意識に同じような態度をとっていることに気づくだろう。将来のためには大幅な変革が必要だということを理解しながら、生活を変えることを歓迎しない。

幾多の障害を乗り越え、積極的に自己変革を行なうことによって、人は成長する。それを知りながらも、自分の目前に起こっている出来事を自己変革のチャンスとしてとらえ、取り組んでいこうとする人は少ない。そして、波乱のない人生をよしとする後ろ向きの人生観を持ったり、成功した人の境遇を妬んだりしながら、哀れな人生を送ることになる。

このような人々は、自分の失敗とか、欠点ばかりを気にかける。少しでもうまくいかないことに出くわすと、「これは自分が悪いのだ」と決めつけてしまう。そうした考え方が、結局、物事を悪いほうへ悪いほうへと導いていくことは、火を見るよりも明らかだ。

自分自身の目標や目的を設定できない人は、世間の価値基準をそのまま鵜呑みにし、それに縛られる。そして、何事も世間の基準に照らし合わせて、その通りでなければならないと思い込んでいる。その結果、自分の目標をはじめから現実離れした高さに設定することが多い。目標を高く持つことは悪いことではないが、**高い目標を達成するためにはステップが必要**なことが、念頭にないのだ。そして、失敗を繰り返す。

度重なる失敗は、人を臆病にする。自分は何をやっても失敗し、永遠に目標に到達することはできないのだと、自分で思い込む。そして、やがては努力をすることも放棄し、あきらめてしまうのだ。

なぜ非常に多くの人が、潜在的には能力を持ちながら永遠にそれを発揮することなく一生を終えてしまうのか、この現象がそれを説明している。多くの人が、成功するチャンスを何度もつかみながら、一時的な発展にとどまり、最終的には成功を取り逃がしてしまっている。成功を、自分の生涯の伴侶として連れ添わせることができないのだ。

自分を高く評価する

注目や関心を集めようと、大声で叫んでいる目立ちたがり屋がいる。彼らは、実は、自分自身に非常に低い評価しか与えられないために、それから逃れようと大声で叫んでいるのだ。彼らの本心は「私を見てくれ。私がここにいることを忘れないでくれ」ということなのだ。

ジョン・デリンジャーという男がいた。彼は、農家に押し入り、

「私の名前はジョン・デリンジャーという。あなたたちを傷つけるつもりはない。ただ、私の名前がジョン・デリンジャーだということを知ってもらいたかっただけだ」

と、その農家の住人に繰り返したという。そうでもしなければ、彼は自分が自分であることを証明できなかったのだ。

精神科医のバーナード・ホランド博士は、非行を繰り返す青少年について、次のように指摘している。

「彼らは、一見、独立心がとても強いように見え、反抗的で、とくに親や教師、警察官など権力を持った人間を嫌う傾向がある。そして、ことごとく不満や不服を唱える。

しかし、彼らの過剰防衛ともいえる堅い殻の下には、実は柔らかくて傷つきやすい心が

隠れているのだ。彼らは、本当はいつも誰かに頼っていたい人間なのだ」

非行に走る青少年たちには、自分にとって大切な人から心を傷つけられた体験を持つ者が少なくない。そして、ふたたび傷つけられることを恐れ、二度と自分を解き放とうとはしない。まず自分を守るために、それ以上に拒否されたり、苦痛を受けたりしたくないがために、攻撃に出る。誰も信用することができないから、誰にも自分から近づいていこうとしない。彼らが拒否し、刃向かう人々の中には、彼らを愛し、助けてくれる人がいるかもしれないのに。しかし彼らは、結果として、そういう人々をも自分から遠ざけてしまうことになる。

これは、非行青少年たちだけに当てはまることではない。仕事仲間や友人、恋人たちの間でさえ、往々にして見られる現象だ。

多くの人間が、ほんの些細なことで、驚くほど深く傷ついている。自分に対する評価の低い人ほど、つまらないことで簡単に気分を害する。これは、心理学では定説としてよく知られていることだ。

自分に確信を持て

嫉妬は、結婚を破滅に追いやる大きな原因となっている。嫉妬のもとになるのは、自己不信だ。正当な自己評価をしている人間は、他人に対して無用な敵対心を持たないし、わざわざ自分の正当性を証明しようともしない。現状を正確に見抜くことができるし、自分の主張を無理に押しつけるようなこともない。

ほかの人より高価な品物を所有することや、高級品を身につけることに価値を見出す傾向が、とみに強くなっているようだ。この、ステータスシンボルと呼ばれる、あたかも豊かさを象徴しているような物に人々は憧れる。しかし、これらを所有する人は、金持ちであることを証明しているというよりは、むしろ、本人がいかに自分に確信を持っていないかを宣伝しているように見受けられる。自己評価の高い人は、自分のイメージを控え目に表現することを恐れない。

〝評価〟の本来の意味は、価値を認識し、見定めることだ。私たちは、広大な海には豊かさを感じ、日食には神秘を感じ、色とりどりの草花には美しさを、巨大な杉の木には畏敬の念を持つ。それなのに、どうして自分自身をさげすむことができるのだろう？　すべての創造物の中で、人間ほど素晴らしいものはないではないか？　人間は考えることができる。

経験を生かすことができる。自分自身を取り巻く環境を変えることができ、そして、愛することができる。自分を十分に生かし切れないからといって、自分の存在をさげすむ必要はまったくない。

自信は、成功体験を積み重ねることによって築かれる。新しいことを始めるときは、誰だって自信などありはしない。成功体験を持たないのだから、当然のことである。自転車の乗り方を覚えるとき、スキー、スケート、人を指導するときなど、どれをとっても、はじめからうまくいくに違いないと思える人がいるだろうか。

一つの成功が、次の成功を生むのだ。勝者とは、過去の成功を思い起こし反芻するが、失敗は、きれいさっぱり忘れてしまえる人のことだ。失敗やミスを経験として生かしこそすれ、いつまでもそのことに固執して考え込んだりはしない。

だが、ほとんどの人は、過去の失敗にとらわれ、成功体験は忘れてしまい、自信を失っていく。しかも、失敗を覚えているだけではない、繰り返し思い出し、深く心に刻み込んでしまう。そして、折に触れ、自分自身を責めるのだ。

成功者は、過去に何度失敗していようが、それは問題ではないことを知っている。問題なのは、自分の成功体験だ。成功したときの気持ちの高揚、心の充実をしっかりと記憶にとどめ、よりいっそう堅固なものとし、そのうえにこれからの人生を築いていくべきなのだ。

自分を肯定的に評価するためには、**自分の成し遂げたことに注目する**ことだ。失敗やつまずきは、新たなる目標に向かって歩み始めるための活力としてフィードバックされれば、それで十分だ。

周囲の人より劣っていると感じた幼少期の体験は、大人になるための通過儀礼として、私たちの成長を助けてきた。しかし大人になったら、そんなことは忘れてしまっていい。大人は、自分を周囲の他人と比べるのではなく、自分の能力、関心、目標をもっと掘り下げて、自分を見つめなければならない。

私たちは、自分のクセや関心のありどころにもっと注意を払い、意識的に努力をしていけば、生き方を変えることも可能だ。それは、たったいまから始めることができる。

自己評価をよりいっそう高めるためには、自分の行動と決断を、感情ではなく理性にゆだねる必要がある。感情は、無意識な反応にすぎない。日常の出来事や与えられた課題を、感情だけに頼って処理していると、理性的に判断する力や分別を失ってしまう。

成功者は、愛情、興奮、喜び、同情などの感情を、まるで子どものように素直に表現する。しかし、人生を左右するような重大な決定は、理論と常識によって判断しているのだ。結婚一つとっても、感情だけではなく、理性にもとづいた選択が行なわれていれば、現代の結婚生活ももっと絆の強いものになるだろう。

自己評価を高め、維持するためには、隣の芝生に気をとられず、現在の自分の仕事に喜びと誇りを見出すことだ。

自分の能力を認めなさい

もっと権限を行使できる人間になりたい。もっと実力を発揮できるポストに就きたい。一般的に人間は、常に上昇志向にとらわれ、現状改善を求めているものだ。しかし、正しい自己評価を持っている人間は、**現在の自分が置かれている状況を、すべてありのままに受け容れることができる。**これが、最終的に勝者となりうるポイントの一つだ。

完璧な人間など存在しない。欠点や性格は、生まれ変わりでもしない限り、一生ついてまわる。偉大な成功を遂げた人物を見てみればわかる。彼らは、ありのままの自分を受け容れているはずだ。自分を受け容れること、これは正しい自己評価をするのに、とても大切なことだ。

自分でやってきたことは、すべて自分で責任をとる。

シェイクスピアは『ハムレット』(福田恆存訳、新潮文庫、1967年)の中で、宰相ポローニアスにこう語らせている。

「いちばん大事なことはな、己れに忠実なれ、この一事を守れば、あとは夜が日につづくごとく、万事自然に流れだし、他人にたいしても、いやでも忠実にならざるをえなくなる」

自己評価を高めるために有効な手段としては、**常に自分のいいところを、自分自身に声を出して言い聞かせる**ことだ。自分の性格の長所や的確な判断、成し遂げたことなどについて肯定的な評価を下し、その評価を自分自身に植えつけるのだ。それが強烈なものであればあるほど、潜在的な自己イメージとして生かされてくる。この自己イメージは、時代の移り変わりとともに、新しく、いちだんと高い基準に合うように修正していくことも必要だ。

言葉とイメージの身体機能への影響が研究されている。その研究によると、でたらめに話す言葉でも、言葉が身体の機能に与える影響は驚異的なものがあるそうだ。これは、科学的にモニターされ、証明されている。

思考は体温を左右し、ホルモンの分泌を促し、筋肉や末梢神経をほぐし、動脈を収縮させ、脈拍にも影響を及ぼす。だから、独り言こそ、コントロールする必要があるのだ。成功する者は、言葉一つをみても「自分を卑下」するようなことはない。

しかし敗者は、気分が落ち込んでくると、「私にできるはずがない」「自分は不器用だ」

「もし、あれができていれば……」「でも……」「……すべきだった」「……だったら」などと弱音を吐く。

勝者は、毎日、自分に語りかける。「私にはできる」「……を楽しみにしている」「次はうまくやるぞ」「前回より気分がいい」。勝者の独り言は、自分を奮い立たせるためのものだ。

自分自身をどう認識しているかを知るには、他人からのほめ言葉の受け止め方を見るのがいい目安になる。他人が自分の価値を認めてくれたとき、自分自身を貶める人は多い。彼らはどれほど自分をけなし、卑下していることか。信じがたいくらいだ。

たとえばこのように。

「仕事がうまくいったお祝いをしてあげよう」

「いや、あれはなんでもなかったんだ。ただ幸運だっただけさ」

「何を言ってるんだ。あれは凄いことだよ」

「がむしゃらにやっただけさ」

「その背広、似合うね。新調したのかい？」

「違うよ。バザーにでも出そうかと思っているんだ」

敗者は、「謙遜」とは、自分自身を崖っぷちから落として、屈辱的に笑いものにすることだと思い込んでいる。しかし悪いことに、耳はこれらの自己否定的な言葉をちゃんと聞いている。機械的に動く人間の頭脳は、自己否定的な言葉もほかの現象と同じように、記憶すべき事実として受け容れてしまう。

人生の勝者は、どんなお世辞も「ありがとう」と軽く受ける。

ニール・アームストロング、ジャック・ニクラウス、トム・ワトソン、ナンシー・ロペス、クリス・エバート……勝者は皆、「ありがとう」と言う。お世辞や祝福は、ただ単に「ありがとう」と応じればいいのだ。自分に向けられた尊敬の念を素直に受けることが自己評価を高める。

人生の頂上を極めた成功者たちを対象にした研究によると、彼らは自分自身を高く評価していることで共通している。ベンジャミン・フランクリン、トーマス・エジソン、ゴルダ・メイアなどが若い頃に書いたものを読むと、彼らは一様に自分を高く評価し、その存在価値を認識していることがわかる。

ヘレン・ケラーはどうだ。目が見えず耳も聞こえなかったにもかかわらず、自分の一生をもっと不幸な人のために捧げた。アルバート・アインシュタインは大学入試に失敗したし、ガリレオ・ガリレイは洋服屋に奉公に出されたが、彼らは歴史に名を残した。エイブラハム・リンカーンは、他人がとっくにあきらめたことを、何度失敗してもあきらめなかった。

スポーツ、ビジネス、その他どんな分野においても、成功を勝ち取ったものは、ほとんど例外なしに自分のユニークさを認めている。そして、自分のイメージに満足し、他人がありのままの自分を認めてくれることを喜んでいる。また、興味深いことに、そういう人はごく自然に友人や支持者を魅了する個性を持っており、孤立することはめったにない。

バーナード・バルチは、誰の気分を害することもなく、ディナーパーティの招待客の席次を決めた。「どういうふうに決めたのか」という質問に対する彼の答えは、ただ、客自身に、どこへ座りたいかをそれぞれに選んでもらって決めただけだということだ。彼の言葉を借りると、

「重要な人は気にしないし、気にする人は重要ではない」

である。バルチの法則は、どんなことにも当てはまる。自分の置かれている位置をはっきり認識している人は、自己防衛に粉骨砕身する必要はないし、自分を有利に導こうとしてでしゃばる必要もない。正確な自己評価は、黙っていても自分が行きたい方向に自分自身を差し向けてくれる。

勝者は、自分の能力を信じている。彼らは、自分であることに誇りを持っている。自分の価値に対して自信を持っているから、自分を愛するようにほかの人々を愛することができる。

自己評価を高く持つことは、成功するための重要な素質の一つだ。**自分のために、大きな声で、はっきりと自分の価値を認める言葉を言いなさい。**

ムダにできる時間はないのだ。

まとめ　内容がしっかりと頭に入るまで、1ヵ月間繰り返し読むこと

勝者は、自分の価値を深く信じている。彼らは、自分らしさや自分に見合った環境というものは、一般に言われているように、賢明で愛情豊かな両親のもとから生まれるとは限らないことを知っている。歴史を紐解けば、底辺から生まれた聖人や、愛情豊かな家庭で育った極悪人でいっぱいだ。

勝者の意識は、外へは向いていない。独自の価値を認識しつつ、自分の水準をよりいっそう高め、発展させ、維持していく。もちろん、勝者だからといって、まったく恐怖や不安を感じないわけではないが、これらの感情に負けることはない。

敗者はいつもこうぼやく。

「もっと違った人間であればなあ」

成功を勝ち取る者は、こう言う。

「自分がこういうタイプの人間だからこそ、うまくやることができる」

未完成で、変化しつつ成長する価値ある人間として、あるがままの自分を受け容れること。「この分野では自分は優秀だ」と考えることは、けっして思い上がりではない。いま達成しようとしていることにプライドを持つのはもちろんのことだが、それ以上に大切なことは、「いま現在、私は生きて、存在しているのだ」という事実を楽しみ、自分の個性を伸び伸びと堪能することだ。

私たち一人ひとりは、肉体的、精神的な面で平等に生まれついていないのも事実だ。しかし、私たちは最高の人生を送り、胸ときめく興奮や素晴らしい喜びを感じる権利は平等に持って生まれてきているはずだ。

成功した者の多くは、常に自分の価値を信じ、たとえ不遇な環境にあっても、希望に満ちた夢だけは捨てなかった。たぶん、ほかのどんな要因よりも、健全な自己評価こそが、自己実現と幸福をもたらすカギとなるだろう。

自己評価をより高くするために、今日から始める10のこと

①同僚や友人が何と言おうと、いつも自分が最高に見えるように身だしなみに気をつけること

外見は、あなたが自分自身についてどういうイメージを持っているかを、端的に映し出すものだ。

②電話に出たら、まず自分から名前を告げる

初対面の人と会ったときも同様だ。会話の中で自分の名前に価値を置く訓練をすることによって、自分自身を尊敬する習慣を養うことができる。

③今日の自分のよかった点を自己評価として書き出し、なぜよいのか、その理由を具体的に記すこと

まず、あなたの「BAG」を書き出す。つまりBlessing（祝福）――あなたが感謝する人と物。次はAccomplishment（達成）――あなたの成し遂げたことで自慢できること。最後にGoal（目標）――あなたの夢と希望。

④単純だが、丁寧に「ありがとう」と答えること

誰が、どんな理由でお世辞を言ったとしても、そう答えること。

⑤最も目立つ席に胸を張って座ること

集会、講義、会議などどんな場合にでもだ。あなたがそれらの会に出席する目的は、聞き、学び、できるなら主な講演者や報告者と、質問や回答を通じて意見交換することにあるのだから。

⑥人の見ているところでは、背筋を伸ばし堂々と歩くこと

リラックスしていても、少し速足で歩くこと。姿勢よくサッサッと歩く人は、自分自身について、また、自分がどこへ向かっているのかについて自信を持っていると思われる。

⑦あなた自身の基準を設定すること

他人と比べて考えないこと。ライフスタイル、仕事の成果、人との関係などに自分の基準を設け、それをチャンスあるごとに引き上げること。

⑧独り言を言うとき、そして、自分のことを他人に話すとき、気力と自信に満ちた言葉遣いをすること

自分自身について、向上的、建設的に聞こえる形容詞や副詞を多用する。そうすれば、あなたの素晴らしさを知らず知らずのうちに相手に伝え、相手はあなたを立派な人物だと記憶することになる。さらによいことには、自分の中にもその素晴らしい自分のイメージが残ることになる。

⑨自分を啓発するプランをつくり、それにもとづいて常に前進すること

まず、プランを紙に書き出してみよう――成功するために必要な知識、直したい態度や行動、その結果として起こる人生の変化。友として、また模範として、真の人生の成功者を見つけること。不幸は仲間を求めるが、成功もまた仲間を望んでいる。

⑩スマイル！

どこの国でも、どんな文化でも、笑顔は、あなたが優しく、助け合う心があることを知らせる窓辺の明かりのようなものだ。スマイルは、「I'm O.K.――You're O.K.」(私はOK、あなたも大丈夫だね）と暗黙のうちに了解し合う普遍的な言葉である。

敗者は伝統的なスタイルで暮らしている。
「いつか、私は……」という名前の〝どこにもない国〟で。
勝者は、今日という日は二度とこないという気持ちで生きている。
将来でもなく、過去でもなく
そしていつかは……いまなのだ！

3章

率先した自己コントロール

●勝者の本質
「決意、決断力、選択、責任」
◯敗者の本質
「無責任、優柔不断、偶然に頼る、他力本願」

●勝者の独り言
「やれぱできる」
◯敗者の独り言
「なんとかなるさ」

【人生とは、自分一人で成し遂げなければならない大事業。自分のしたことなのだから、賞賛を受けるのも、批判を受けるのも自分だ。】

自己コントロールの真の意味

勝者は、事が起こるように〝する〟。

敗者は、起こるがままに〝任せる〟。

自己コントロールは、本来の意味を取り違えられていることが多い。自分をよく知っていることだとか、どんなことが起こっても冷静でいられることだ、と思っている人が少なくないのである。

しかし、**自己コントロールの本質的意味は、〝自分で決意する〟ということ**なのだ。

人生において自分の行動を決めるとき、その全責任を自分で負える人間こそが勝者たりうるのである。勝者とは、人生は「Do it yourself」（自分で行なう）であり、行動は必ず結果に結びつくという因果関係を信じる者のことだ。多くの可能性の中から選択し、独自の道を切り開く自由を与えるのが自己コントロールなのだ。

多くの人が、自分の人生は〝宿命〟〝運〟によって方向づけられていると考えている。人生は星座の運行によって定められる、と信じている人さえいる。このように、人生は、環境とか、宿命とか、偶然によって決定されると信じている人は、疑惑や恐怖に屈しやすい。

一生のうちに降りかかってくる数々の出来事を、自分でコントロールできると思っている人は幸せだ。何が起ころうと、あわてずに対応し、適切な行動を選ぶことができる。間違った選択をするのではないかと恐れるあまり、決断できない人がいる。たとえ何かを決めたとしても、すぐに決心がぐらつき、結局はゴールに到達できない。そういうタイプの人間には、成功など望むべくもない。

すべての人間は、**自分の選んだ行動の結果としていまの自分があり、いまの自分の地位があるの**だということを銘記すべきなのだ。

人間も天の創造物の一つであることは間違いないが、同時に、私たち人間は自分の人生の輪郭を自ら形づくっていく能力を持っている。基礎となる性格や環境は、生まれながらに与えられたものだが、その後の人生は、兄弟といえどもけっして同じではない。自分自身の決断が人生というゲームの勝敗を決めるのだ。

ヴォルテールは、人生をポーカーにたとえている。プレイヤーは、配られるカードを無条件に受け取らなければならない。そして、いったんカードを手にしたら、ゲームに勝つために手持ちのカードでどういう手を打つのかは、各自に委ねられている。

作家のジョン・アースキンは、著書の中で少し違った言い方をしている。

「我々は、ときどき放蕩の道の話をするけれど、不品行な生き方は、生真面目に生きるのとまったく同様に、困難で辛苦に満ち、束縛や障害も多い。ただ唯一の選択は、自分がどちらの人生のために努力をしたいか、ということだけである」

あなたが、社会のどん底にいる飲んだくれであろうが、地位も名誉もある成功した人間であろうが、**いまあなたがそこにいるということに対しての批判も称賛も、すべてあなただけのものの**だ。あなたはごく幼いときに、すでに自分自身の支配権を両親から奪っている。そして、それ以来ずっと、あなたが運転席に座っているのだ。

私は35歳になるまで、この人生を支配しているのは自分だということに気づかなかった。こんな人生を送っているのは、政府や不況や親のせいだと思い込んでいたのだ。生まれ星の双子座につかさどられ、創造的な運命を持って生まれてはきたものの、けっして個性的な存在ではないと考えていた。

娘の行動を見て、すぐに気づくべきだったのだ。ある夕食のときである。わずか生後11ヵ月の娘は、子ども用の高い椅子に座っていた。私は、栄養価の高いかぼちゃの裏ごしを娘に食べさせようとしていた。

まず、熱くないかどうか、ちょっと舐めて確かめる。おいしいものではなかったが、娘の成長のためには有益な食べ物だと承知していたので、スプーンにすくって娘に与えた。

「はい、いい子だからアーンと口を開けてごらん。パパがおいしいかぼちゃを食べさせてあげるよ」

と、優しく言った。

ところが娘は、冷たく私をにらむだけで、口を堅くつぐんだままだった。

その場での支配権は親である私にあるわけだから、私は指でむりやり娘の口を開けさせた。それからスプーン1杯のかぼちゃを入れ、静かに、しかし厳格に命令した。

「栄養があって身体にいいのだから、ちゃんと飲み込みなさい」

次の瞬間、娘はそれを食卓に、私のネクタイにまで届くほど勢いよく吐き出したのだ！

彼女はわずか11ヵ月のときに、自分はかぼちゃの裏ごしは嫌いだ、とはっきり決めていたのだった。

このように、子どもたちはごく幼いときから自分の人生に対する支配権を発揮し始めている。また多くの子どもたちが、言葉を話せるようになる前に、すでに両親の人生をコントロールするやり方さえも学んでいる。

たとえば、すすり泣きして注意を引く。泣くことで、優しくなぐさめてもらうのを待つ。甘えて何か欲しいものをねだる。かんしゃくを起こして大暴れし、思い通りにする。お父さんに反対するようにお母さんをそそのかし、のんびりと夫婦ゲンカを見物するなんて芸当は朝飯前だ。

赤ん坊や小さい子どもの言いなりになっている若い親をよく見かける。旅行をすると目につくことだが、飛行機の離着陸のひとときでさえ席にじっとさせておけない親が多い。同じ傾向が、全国の保育園から高校にいたるまで広範に広がっている。

私の知り合いのあるカップルは、二人とも一流大学の出身だが、子どもをコントロールすることができない。

私は、彼らを訪ねて行ったとき、たいへん驚かされた。5歳の子をベッドに寝かせるためには、階段にクッキーを一つずつ並べ、その子がそれを食べながら2階のベッドルームに行くようにしなければならないのだ。

子ども中心の生活を送り、自分の人生を子どもに従属させてしまっているような親は無責任だ。その子がいずれ世の中に出たときには、家庭では通用したわがままが通用するはずがない。厳しい現実に直面したときに、甘やかされた子どもが人一倍苦労することは、目に見えている。

あなたは自分の船の舵を取っているだろうか？　それとも運命という風の吹くままに流されている犠牲者だろうか？

あなたは遺伝的形質と環境の糸に操られた人形となってはいないだろうか？

やりたくないことを無理強いされていると思ってはいないか？　働かなければいけないと思い込んでいないか？　そんな必要はないのだ。いろいろな社会保障があるのだから、望めばベッドに寝ころがっていても暮らすことができる。

税金を納めなければいけない？　そんな必要はない。納める資格に満たない程度に稼ぐこともできる。

食べないといけない？　そんなことはない。餓死する自由もある。自分で食べようと決めたから、あなたは食べるのだ。

夜遅くまで残業を余儀なくされている多くの人がいる。まるで会社が、あるいは上司が彼らに強制しているかのようだ。

私は、いやいやながら遅くまで残業したことは一度もない。しかし私もときどき残業を決意する。なぜなら、翌日に延ばしたくない重要な仕事があるからだ。家族と一緒に過ごしたい気持ちはあるが、一家で独立した生計を営むために必要となれば、私は自分から進んで残業を決める。

何か〝しなくてはいけない〟と思っている人は、利用可能な人材や道具、方法を見失ってしまい、自分だけがジタバタと走りまわることになる。その結果、最後には自分の人生に対する支配権さえなくしてしまうのだ。

自分で決める

率先した自己コントロールは、精神的健康につながり、また、しばしば肉体的健康にも通じる。瞑想などに関する研究によって、人間の潜在能力は、専門的トレーニングと修練を積めば、肉体機能にまで影響を与えられるという証明がなされている。

そう遠くない将来に、脳波の周波数、脈拍数、痛みの閾値《いきち》やその他の肉体機能をコントロールすることが可能になるだろう。健康管理に積極的に取り組む方法として、実用化されるかもしれない。

心理学の世界にも画期的な変化が起こった。この新しい動向は、「責任心理学」（Responsibility Psychology）と呼ばれる、人間の成長と能力に楽観的な考え方を持つ学派だ。アブラハム・マズローが死の直前に提唱し、カール・ロジャース、ウィリアム・グラッサー、ヴィクトール・フランクルなど、多くの著名な人道主義者たちによって受け継がれている。この学派は、責任感の欠如や価値観喪失が、異常行動や不安神経症、精神の荒廃を引き起こす原因になると考えている。

このような症状を持つ人々の治療法として、こんな方法がとられている。人は、過去にいつまでもこだわるべきではなく、現在の自分の行為、そして将来の行動に責任を持つことだ、と説得するのだ。

グラッサーら精神科医は、責任感を植えつけることができれば、不安神経症患者も回復が早いと言っている。どんな場合でも、率先した自己コントロールは、健全な精神の発展に役立つことが証明されている。

成功する人間は、**世の中のすべての動きは人の意志によるものであり、生きていることさえ意志の問題だ**ということを理解している。何事もすべて「私が決める」のであり、「やらなければならない」ことなど何一つない。

働いて税金を納め、子どもをつくらなければならないこともないし、朝起きる必要さえないのだ。自分にとって有益だからやると決めるのであり、自分の目標に到達するために役立つ方法の中から最良の選択をするのだ。

「あれもしなければいけない」「これもしなければいけない」と感じる人は、責任感を持っていないし、自己管理もできていないと思っていい。彼らは、どっちを向こうが風まかせの人生に慣れ切った、操り人形にすぎないのである。

敗者はなるがままに任せる。しかし勝者の哲学は、「なせばなる」だ。

ジョン・ガードナーは、著書『自己革新』（最上潤訳、ダイヤモンド社、１９６５年）の中で、「成功する人間は、自分の潜在力を開発するチャンスを見逃さない」と言っている。

彼らは、自分の潜在能力について筋道を立てて考え、見つけ、手に入れようとする。生きていくうちにはいろいろな出来事に遭遇するが、偶然の出会いに期待するばかりでは、勝者となる素質を持っているとはいえない。**勝者は、自分で出会いを発見し、その出来事と自分の潜在能力とが織りなす果てしない対話と、その生み出される結果に期待する。**

毎日、何千何万という人が、輝かしい、新しい世界があることを発見している。そして、ガードナーが言った「我々は、打ち破ってはじめて牢獄に入れられていたことがわかる」という言葉を実感しているはずだ。

私たちは、習慣の犠牲者であるばかりではなく、正確には、私たち一人ひとりが自分自身でつくった数々の制約に囚われてもいる。

十代の若者は、仲間の基準に合わせようとあくせくしている。彼らの独特な服装は、自立を証明しようとする一つのデモンストレーションかもしれないが、反面では、そのスタイルや行動は仲間内の規範に厳格なほど従属している。

自分の行為に責任をとろうとせず、ほかの人をあてにし、他人の真似ばかりしている者は、責任能力のある大人にはなれない。しかし残念なことに、多くの大人たちが、こうした未成熟な段階のまま一生を終えているのである。

大人になるに従って、私たちは決断をしていくが、その決断によって私たちのチャンスや可能性はしだいに狭まっていくのである。生涯のうちには無数の人々と出会うが、その中からほんの数名の友人――たいていは意見が合う人たちだ――を選ぶ。そうして、新鮮な発想を受け容れることをだんだん少なくしていくのである。

義務教育を終えてすぐ就労することも、大学院まで進学することも、選ぶのは私たちだが、選んだ教育水準によって仕事や友人関係までもが決定づけられていく。

来る日も来る日も、安全で、確立された方法の中で、最も抵抗の少ない道を選んでいるのが私たちなのである。

自分自身に責任を持つ

人は、自分の足かせになっているものを、ふだんは無関心に何の考えもなく見ているくせに、現実にそれが自分を妨げるものとして立ちはだかったとき、逃げ道のない自分の状態をあたかも他人のせいであるように非難する。だが、責任感の強い人は、自立を決意する際には、選択の自由を強く主張する代わりに、責任相応に引き受けるものだ。

人類学者のマーガレット・ミードは、著書の中で次のような見解を示している。

「〝個人の責任〟という考え方は、私たち人間が打ち立てた最高のものだといえる。そして、私たち人間は環境の産物である、という考え方は最大の罪悪なのである」

一人ひとりが自己コントロールとそれにともなう責任を引き受けないとすれば、この社会からどんな自由も、自由がもたらす特権も消滅してしまうだろう。自らが責任を持って自由の権利を行使する限り、私たちは自由である。

自分自身をコントロールするとは、**知性、才能、特技など、自分が持っているものを最高に発揮することに責任を持つ**ことだ。また、**私たちに与えられた貴重な時間を最大限、有効に使う責任を持つ**ことでもある。何を選択するかは個人の自由だが、同時に、自分に対して正直なことと責任を持つことが、人生というゲームを勝ち抜く秘訣となる。

アール・ナイチンゲールは、ラジオや著書を通じて、宇宙の偉大な自然の法則――原因と結果の法則――をずっと訴え続けた。どんな原因に対しても、結果はほとんど同程度に生じるというわけだ。自分の知性、得意なスキル、才能を存分に活用するならば、このことは、私たちが生きていくなかで明快に実証されていくだろう。また、時間を最大限有効に使うならば、この法則は私たちに最大の利益をもたらしてくれるであろう。なぜなら、かつて自分の時間を可能な限り有効に費やせた人は、ほとんどいないに等しいからだ。

この法則は、自己コントロールをし、責任を引き受ける人すべてに当てはまる。時間、才能、功績を手にすることができるのは、こうした人々だけだ。そして、私たち一人ひとりが、日々本当に自分を生かし切って人生というゲームを戦っているかどうか。これをジャッジする真の審判は、自分自身しかいない。

勝者となるものは、必ず自分の支配権を握り、常に自分が運転席に座る。勝者は、自分の考え、日課、人生に対するコントロールを確実にしている。彼らは、自分自身のホロスコープや星占いをつくり出す。成功を目指す者は、自分の時間を勝つために費やす。ムダにできる時間はないのだ。

まとめ　内容がしっかりと頭に入るまで、1ヵ月間繰り返し読むこと

人生の成功者となるための正しい自己コントロールとは、結果として現われる自分の行為の責任を100パーセント負うことである。勝者は、生きていくなかで出合うさまざまな事柄に対して、心身ともにコントロールする力を自分自身で持っている。それは想像を超えるほどの力である。内臓疾患や生まれつきの病気などの治療にも、自己コントロールが有効な場合も多い。自己コントロールは、心身の健康に最も重要なカギとなり、絶対的な人生の幸福をつかむために多大の貢献をする。

敗者は、「どうして私の人生だけがこんなに過酷なのか」と言う。それとは対照的に、勝

者は言う。「自分の行為に対する称賛も批判もすべて私が受ける」と。

バイオリズム、星座、宗教、儀式、政府などが世の中の中心にあるわけではない。〝あなた〟が、社会の中で自分の位置を決定し、つくり出し、全うする責任を持っているのだ。あなたは、自分の人生の運転席に座っている。ミルクを欲して、オムツの取り替えを要求して大声で泣いた頃から、多くの事柄において支配権を行使してきたのだ。大人になったいまでは、あなたは、独自のものをもたらすために責任を引き受けることで、世の中のストレスにようりうまく対処し、適応する方法を学び取ることが可能となる。自らの進む道に立ちふさがる人々に対応するカギを握っているのは、あなただけだ。

人生において「何が起こるか」はたいして重要なことではない。重要なのは、「その出来事をあなたがどう受け止めるか」なのである。

「率先した自己コントロール」が本質的に意味しているのは、この世のすべてのものは意志によって選択されるということだ。そして、私たち一人ひとりは、自分で考えたがっている以上に、多くの代案や選択肢を持っているのだということである。かつては、意志の力ではどうにもならないと思われていた肉体の機能でさえ、コントロールする力を持っているのである。

そして、勝者となる者は、自らの力で、本当にそれを実現してしまうのである。

自己コントロールをより容易にするために、今日から始める10のこと

①称賛や批判は自らの生き方る姿勢が反映されたものだと、正直に心を広くして受け容れること

②「しなければならない」という強迫的な考え方から、「私は決めた」という意志的な考え方に変えなさい

「それをするのは怖いから」という理由で不参加を決めるのではなく、「これをするといっそう気分がいい」という気持ちで参加を決め、自分を抑制しないこと。

③肯定的なモットーを持ちなさい

日常生活を送るなかで、人生の報酬は、「自らの社会への奉仕と貢献によってもたらされるものだ」と考えること。

④瞑想法やリラクゼーションを試み、心身ともにリラックスする方法を身につける

本当に必要とするとき以外は、鎮静剤などの薬に頼らないこと。

⑤週ごとに、できれば毎日、時間を決めて自分自身のために手紙やメールを出したり、電話をかけたりすること

座して招待状を待っているのでは、成功することなどおぼつかない。待っていたのでは、どんなに素晴らしい能力を持っていても、永遠にその能力を発揮できないまま、

誉れ高き敗者の殿堂に入ることになるだろう。

さっそく、やってみよう。行動開始してから2週間経って何の返事もなければ、追っかけて手紙やメールを出すか、電話をすること。それでも返事がもらえないときは、別の人にほかの方法でアプローチしたほうがいい。

⑥“今日行動せよ、明日に延ばすな”――このモットーを片時も忘れず、座右の銘にしてしまうこと

受け取った手紙・メールは迅速に処理すること。電話などにもできるだけ速く応答することが大切だ。

⑦じっくりと腰を落ち着けて自分自身にとって最高の運勢図を書き出してみる

自分が真剣に直したいと思っているクセや習慣に関して、どういう方法をとれば直すことができるか箇条書きにする。そして、すでに成功している人の情報を集め、勝つための習慣として手本にできるものを手に入れること。

⑧今日から30日間、いまやっている目の前の仕事に全力を尽くす

自分の一生の仕事と決めた仕事が何であれ、いずれにしろ仕事のほうからは、あなたのことなどたいして考慮しないであろうことは覚えておくといい。率先して自分の仕事に価値を与えることができるのは、当の本人だけなのである。一生とは言わない、

1ヵ月間でいいから、仕事に、付き合いに、日課に、そして人間関係に、できる限りの努力をしてみる。そうすれば、その1ヵ月間が終わる頃には、新たにもう1ヵ月間、仕事に集中してみようという気持ちになっているだろう。

⑨自分の知識と技術の開発に投資すること

ただ一つの真の保障は、自分が身につけた知識であり、技術だ。ベンジャミン・フランクリンも書き記しているように、「財布の底をはたいて頭に入れてしまえば、誰も、それを奪い取ることはできない」。セミナー、本、音声教材を頭に蓄えよう！

⑩目覚まし時計を、明朝から30分早めにセットしたままにしておく。そして30分の余裕をよりよく生きていくために有効に使うこと

この30分間を自問自答の時間にする。今日はどうすれば、1日を最も有効に過ごすことができるだろうか……と。

私たちは、
つねづねこうなりたいと
望んでいるものになれる。

――アール・ナイチンゲール

4章

モチベーションを高める

●勝者の本質
「変化への欲求、興奮、願望」
○敗者の本質
「恐怖、強迫観念、心理的抑制」

●勝者の独り言
「そうしたい、必ずできる」
○敗者の独り言
「やらなければならない。でもできない」

【成功する人間が絶えず考えるのは自らの願望であって、けっして自らの限界ではない。】

願望は行動を促す力

成功する人間は、願望を持っている。現状に満足することはなく、もっと好転させたいと思っている。成功したいと思わない人が成功者になったためしはない。

あらゆる分野において、名を成した人は多数存在する。しかし、彼らが一歩一歩進んできた、長くて険しい成功までの道程に思いを馳せる者はほとんどいない。ウィンストン・チャーチルが劣等生だったことを覚えている人がいるだろうか？

成功した人物は、自分自身に対して並外れた欲求を持っていた。若い頃の成績などものともしなかったし、自分が育った環境も暮らし向きもまるで眼中になかった。

彼らが望んだもの、それは〝成功〟である。

人間のすべての行為には、それが前向きであろうが後ろ向きであろうが、また任意であろうがなかろうが、必ず動機がある。誰しも、多かれ少なかれ、自分なりの動機づけ、すなわちモチベーションを持っているのである。

〝モチベーション〟という言葉が示すものは、ほかならぬ自分自身の中で自らを鼓舞し、行動を起こさせるものである。すなわちアイデア、要求、感情、あるいは心理状態のことで、それらが自らに行動を促すのだ。

モチベーションは、私たちを行動に駆り立てる力だ。そしてそれは、自分の中から湧き出てくる。モチベーションとは、対象あるいは状況に向かっていく、ないしは離れていく強烈な傾向だと考えれば、それは、学ぶことができるし、発達させることもできる。生まれつき備わっていなければならないというものではない。

モチベーションは、外部からの刺激やきっかけがもとになっていると、長い間、誤って信じられていた。報奨、講演、コンテスト、説教などによって、外部から与えることができるものと考えられていたわけだ。

たしかにこういうものは、勇気、インスピレーションなどを人に与え、創造力に火をつけることがある。しかしそれも、その人がそう望んだ場合に限られるのだ。これがモチベーションを理解するカギである。変化への必要性が感じられ、理解され、自分のものとなってはじめて、変化し続けていくことができる。何かをすることで得られる報酬とか、行為を促す誘因などが明らかにされ、自分の中で実感を持って理解されたときにはじめて、真に動機づけられるのである。

人生の勝者は、自分自身への強い、前向きなモチベーションを培ってきた人たちだ。彼らは、自ら定めたゴールや、自分が果たしたい役割に向けて邁進する能力を持ち、めったに気が散るということがない。落胆したり、間違えたり、つまずいたりすることがあっても、内側から湧き上がる気力が、常に自己実現へとひた走る牽引車の役割を果たし続ける。

モチベーションとは感情である

生きていくうえで、肉体や精神に大いにモチベーションを与えるもの、たとえば、生き残り、飢え、渇望、復讐、愛などは、みな感情の塊だといえる。

願望と恐怖、この二つは人間をモチベートする中心的感情だ。それらは互いに相反するものだが、同じように強烈な結果をもたらす。

恐怖は最も強力な負のモチベーションとなり、大きな強制力と抑制力を持つ。恐怖は人を制限し、締めつけ、パニック状態に陥れ、強要するうえ、最終的には計画そのものを挫折させ、目標を打ち砕く。

反対に願望は、強力な磁石のようなものだ。願望は、人を夢中にし、計画を進行させ、道を切り開き、後押しし、激励し、ついには目標を達成させる。

恐怖と願望は離れて立っている2本の柱であり、運命を正反対の方向へ導いていく。恐怖は過去に目を向け、願望は将来に目を向けている。

恐怖は、失敗、苦痛、落胆、不快感などの思い出したくない体験を鮮明に呼び起こす。しかも、同じ体験は繰り返しやすいものだということを、これでもかとばかりに思い起こさせるのである。

願望は、成功したときの思い出や喜びを思い起こさせ、もう一度あの体験をしたい、そして、また新しい勝利の経験を味わいたいという気持ちを煽り立てる。

臆病な人がよく使う決まり文句は、「しなければならない」「できない」「リスクが大きい」とか、「そうなればいいけど」などだ。

願望は、「そうしたい」「私にはできる」「これはチャンスだ」、そして「私はやる」という言葉を使って表現する。

願望とは、あなたがいまいる場所と、あなたが行きたい場所の間を結びつける感情だ。つまり願望は、正の磁力なのである。

恐怖から発生する負の磁力は、ストレス、不安、病気、敵意を生み、極端になれば精神異常や死をもたらすこともある。

願望から生まれた正の磁力は、ピンと張られた弓のようなものだ。そこから放たれた矢は金星をも射抜く。

精神科医のヴィクトール・フランクルは、こう述べている。

「人間が本当に求めているものは、安全などではない。目標に向かって努力し、苦闘することであり、それがその人にとって価値あることなのだ」

ブロードウェイの俳優でプロデューサーでもあるマイク・ニコラスは、「緊張は私にエネルギーを与え、私のためにうまく作用する。緊張がなくて、気持ちがたるんでいるとき、私はかえって不安になる」

と言っている。

勝者は、生きていくうえでのストレスに対して前向きに対応する。それはプロスポーツ選手、教師、医師、看護師が、自分の職場でのストレスにうまく対処しているのと同じようなことだ。

一流の人々や影響力を持ったリーダーは、強力なモチベーションを生み出す秘訣を持っている。なかでもいちばん有効なものは、「人というものは、自分が最も深く考えている方向に、自然に向かっていくのが当然だ」と知っていることだ。したがって、恐れていることや、やりたくないことから離れていくことを考えるより、むしろ、自分が到達したい方向へと必然的に考えが集中していく。

簡潔に言えば、**勝者は、考える焦点を〝問題〟に絞るのではなく、〝解決〟のほうに絞る**のである。

勝つための願望に集中せよ

精神は、「……すまい」というような否定型の判断には集中できない。これを示すいい例がある。メジャーリーグのワールドシリーズで実際に起こったことだ。

1957年、ニューヨーク・ヤンキースとミルウォーキー・ブレーブス（現アトランタ・ブレーブス）の間でワールドシリーズが戦われた。マウンドにはブレーブスのスーパースター、ウォーレン・スパーンが立っていた。迎えるバッターはヤンキースの主力打者のエルストン・ハワード。ゲームは最終イニング、それはシリーズの勝敗を決める対決だった。

緊張は最高潮に達した。と、そのとき、ブレーブスの監督が、スパーンに〝やる気〟を起こさせようとマウンドに駆け寄って、

「ハワードにはアウトサイド高目のボールは絶対に投げるな。場外にはじき返されてしまうぞ」とアドバイスをした。

スパーンは、アウトサイド高目の球は投げまいと思った。リラックスに努め、それからインサイド低目を狙って投げた。しかし、遅すぎた。〝アウトサイド高目〟のイメージが、まるでネオンサインのように頭から離れなかったのだ。そして、彼の投げた球は、おあつらえ向きのホームランボールとなった。

エディ・マシューズのおかげで、ミルウォーキー・ブレーブスはかろうじてその試合に勝つことができたが、負けてもおかしくない状況であった。試合後、ウォーレン・スパーンは自分に言い聞かせた。

「これからは、いやなこと、恐ろしい結果を力づくでもしりぞけるような考え方をすることは、二度とすまい」

これは、日常生活においても同じことである。

「お部屋をきれいにしなさい。なんて不潔なの、ブタ小屋みたいじゃない」という言い方をする親は、嫌悪感によってモチベートされている。子どもの返事はきっと「ブーブー」くらいなものだ。

勝者となるものは、**行動とは、たったいま自分が考えていることに左右される**ということを知っている。

偉大なプロゴルファー、ジャック・ニクラウスは、恐怖と対照される願望によるモチベーションを象徴している人物だ。プロツアーのベテランがこんなことを言っている。

「人間の精神は1リットルのビンだと想像してみてほしい。ジャック・ニクラウスは、そのビンを常時〝ポジティブ思考〟で満たすように心掛けている。正確でうまいショットを打つことだけを考えているわけだ。普通の人はどうかというと、ビンの少なくとも半分は懐疑的な考えで満たされているといっていい。どうすればうまく打てるかと考えるより、むしろ、どうすればこのショットを失敗しないでやれるかと考えているものだ」

ニクラウスの精神は、いまやるべきことで満タンになっていて、否定的な考えが入り込む余地などまったくない。私たちの精神なら、一度にあれもこれも考えて混乱するところを、彼は目的を一点に集中し、一つひとつの動きをコントロールすることができる。

いまいちばん重要なこと、つまり勝つための行動に焦点を合わせて集中する——この驚異的能力が、常勝のスーパースターたる条件だ。そして、ジャック・ニクラウスはこの能力をビジネスにも発揮し、成功した。一つのことに集中する能力を身につければ、それは種子となり、育ち、やがて何倍にもなって戻ってくる。ニクラウスの話は、このことを証明している。勝者とは、いま自分の頭から離れない考えが行動を支配する、ということを知っている者だ。

勝者は、リスクをチャンスと見る。成功することによって得られる利益をあらかじめ考える。失敗したときのペナルティを恐れない。

恐怖があまりにも強い支配力を持つのは、不幸なことだ。というのは、恐怖にとりつかれた人は、自分で決断することができなくなるし、積極的に行動しようという姿勢も失われる。そして、恐怖に圧倒されまいと反抗的になったり、過剰に防衛したりして、能力を生かし切れない人生を送ることになる。

ストレスに圧倒されていたのでは、自分の住む世界を変えることはできない。内面世界が変わることによって、行動も変わる。恐れているのは自分だが、実は、恐れを生み出しているのも自分自身にほかならない。

イギリスのエッセイスト、ジェームズ・アレンは著書『原因と結果の法則』（坂本貢一訳、サンマーク出版、２００３年）で次のように書いている。

「疑いと恐れを克服することは、失敗を超越することです。それらが克服されたとき、人間の思いは強力なパワーで満ちあふれます。あらゆる困難が果敢に立ち向かわれ、賢く克服されることになるでしょう」

恐怖に打ち勝つ

願望は、恐怖と絶望に対する完全な精神的解毒剤だ。強い願望は活動に火をつける。願望は体内の過剰なアドレナリンを燃焼し尽くし、精神をたゆまず働かせ、達成への欲求に活力を吹き込み続けてくれるのである。

反対に、何の望みも持たず、無気力な日常を送っていると、気が滅入り、ますます暗い気持ちになり、ついには現実から遊離して、自分の内的世界までもゆがめてしまうことになる。勝者は、恐怖が頭をもたげてきそうになると、仕事に取りかかる。そうすると、再び物事が正しく見通せるようになるのである。

ノーマン・ビンセント・ピールが、モーリス・シュバリエにまつわる素晴らしい話をしてくれた。シュバリエは、その粋な麦わら帽子に渋い声と魅力的な笑顔で、何十年にもわたって世界中の観客を魅了した役者だ。この陽気な伊達男は、アメリカで人気ナンバーワンのフランス人だった。

まだ人気が出始めた頃のことだ。彼は、さあこれから舞台の幕が上がるというときになると極度の不安感に苦しめられていた。南フランスへ行って静養するようにすすめる医師に向かって、彼はこう言った。

「私は敗北者です。失敗が恐ろしい。もう私には将来などないのです」

医師の指示に従って、彼はダメージを受けている神経の回復をはかるために、長い散歩を日課にした。しかし、彼の心はいっこうに平静にならない。回復するどころか、彼はいっそう恐怖を訴えるようになり、ついには、すっかり自信喪失に陥ってしまった。

医師は、シュバリエが役者として再起できると信じていたので、村のホールで少数の観客を前に演じてみたらどうかとしきりにすすめた。

「でも……」

とシュバリエはためらった。

「再び私の精神状態がおかしくならないという保証がありません。それを考えるととても怖いのです。二度とめまいが起きないという保証はありますか?」

「保証はない。だが、失敗することを恐れていてはいけない。君は再び舞台に上がることを怖がっているんだ。だから、自分自身に、人生は終わったなどと言い聞かせているのだ。しかし、舞台を断念している理由が恐怖にあるなどということは絶対にないよ。そんなことは、単なる言い逃れにすぎない。

成功する人間は、恐怖を感じたときには、それを潔く認めるものだ。そして、それでもなお前進していくものだ。恐れることを恐れてはいけない。たとえ恐怖を感じても、それを認めたうえで、いままで通り演技を続けていくことだ」

シュバリエは、その小さな村の人々の前に姿を現わすまでに、言うに言われぬ恐怖感に悩まされた。しかし、ひるむことなく、彼は素晴らしい演技をしたのだった。

彼は、心の底から湧き上がってくる喜びにひたった。

「永遠に恐怖心を克服したわけではないことはわかっていた。しかし私は、恐怖心を受け止め、恐怖を感じているにもかかわらず舞台をやり抜いたのだ。医師の指摘は間違っていなかった」

60年前のその夜以来、モーリス・シュバリエは、多くの観客を前に各地で舞台に立った。

「怖じ気づいたことは何度となくある」

とシュバリエは言う。

「あの医師の言ったことは正しかった。保証などないのだ。でも、あれ以来、恐ろしさのためにやめてしまおうと思ったことは一度もなかった。

経験が私に教えてくれたのは、すべてが安全で、確実な、完全なときを待ち望んでいるのだとしたら、そんなときは絶対にこないということだ。そんなことを期待していたのでは、山に登ることもできないし、レースに勝つことだって、幸せになることだってできはしないのだ」

モーリス・シュバリエは幸福をつかんだ。彼は、死ぬまで舞台をやめなかった。80年以上にわたって、歌い、踊り、何百万という人々の心を魅了し続けた。己に打ち勝った人間として、彼は人々の心の中で生き続けるであろう。彼は、どうしても敗北が我慢ならなかったのだ。

あなたは何を我慢して生きてきたのだろうか？ また、自ら理想を高く掲げてきただろうか？

成功は気力、集中力、忍耐力で勝ち取る

物質的な豊かさと利益を追求することばかりに血眼になっているのが、最近の風潮だ。そうした新しい文化では、モチベーション、金、政治、企業、仕事、生産、成功は、工業化されすぎて、利益の追求が当たり前となった社会に取りついた妄想と似たり寄ったりのものである。

個人財産を不必要に貯めようとする強迫観念が増大しているようであるが、これを個人的な目標達成や個人の優秀さの追求なのだと取り違えてはならない。

物質的報酬など無視して偉業を成し遂げたときにはじめて、その人の中に、「困難に打ち勝った」という純粋な喜びが湧き起こる。

当たり前ではないことや、常に心身を傾ける努力を必要とする試練にともなって生じる感情は、自己満足という穏やかな流れから、興奮という激流の間を揺れ動くものである。そして、その感情は、優秀さを追い求めることの十分な根拠となるのである。

偉業を成し遂げた人は、強いモチベーションを持っていることは前にも述べた。行動に駆り立てる永続的な力は、人の心の内側から湧き上がってくるものなのだ。

成功は才能のある人だけに約束されたものではない。知能指数の高さとも関係がない。天

賦の才能とも無関係だ。最高の知識でもなければ、能力でさえもない。

成功は、ほとんどが気力、集中力、忍耐力しだいである。一つがダメならほかの方法を試みるなど、望んだ結果を得るためには、よりいっそうの努力が必要となる。そして、そのためにエネルギーを十分蓄えておくことが、成功への秘訣とも言える。

成功への強い願望を持つことによって、困難に打ち勝つためのエネルギーと意志が生まれてくる。

ダニエル・バーナムは言う。

「小さな計画など立ててはならない。それは人の血を騒がせるような魔力をもたず、それ自体も恐らく実現しないだろう。壮大な計画をつくるのだ。希望を高く掲げ、働こう」

勝つために、情熱を奮い立たせよう。

ムダにできる時間はないのだ。

まとめ　内容がしっかりと頭に入るまで、1ヵ月間繰り返し読むこと

人生の勝者の前向きなモチベーションは、次の二つのことがもとになっている。

(1)個人的な、または大局的に見た自分への期待感があること。

(2)恐怖と願望は、最高の刺激剤であるが、恐怖は破壊的な働きをし、願望は、目標達成、成功、幸福へと続いているという認識。

このような認識のもとに、勝者は成功の報酬を考え、失敗の恐怖を意識しないようにするのだ。

敗者は「……だから、私にはできない」と言う。反対に勝者は「……だからこそ、私はやりたい、私にはできる」と言う。

人間は誰でも多かれ少なかれ、〝やる気〟を持っているものだ。モチベーションは内面の問題である。人は、恐怖、抑制、強制、そして魅力によってモチベーションが上がる。人は、プラスだったりマイナスだったりする磁石のように、コンセプトとか実際の人間とかから突き放されたり、引きつけられたりする。人は誰でも、肥満、貧乏、病気などの否定的概念を持つことから逃れられない。それを理解しているからこそ、勝者は反対に、目標、願望、解決に意識を集中するのだ。

恐怖を強く意識すると、困難な現状にばかり気をとられ、気持ちが沈みがちになる。これから逃れるためには、常に自分の進みたい方向に目を向け、素晴らしいアイデアや希望的な未来に思いを馳せることだ。そのほうがずっといい結果が得られる。

人というものは、現在の安定を乱すような変化には抵抗を示すものだ。しかし、それが生死を決するような問題ともなると、驚くほど急激な変化を遂げることができる。そして人は、自分が望むときには、幸福な、驚くべき変化を見せるものなのだ。

自らモチベーションを高めるために、今日から始める10のこと

①あなたが常日頃使っている「できない」を「できる」に変えること

これで、あなたの試みているチャレンジの95パーセントが達成できる。

②あなたが日頃使っている「するつもりです」を「します」に変えること

これは、言葉遣いを変えるということだけにとどまらない。あるかもしれない失敗の言い訳を前もって考えながら試しにやってみようとする態度を、本気でやろうとする態度に改めるために役立つ。

③いま取り組んでいる目標を達成するために、すべての注意力とエネルギーを集中させること

「失敗したらどうなるか」などという考えは捨てなさい。失敗は、新たなる成功へあなたを直進させるための、単なる一時的方向転換にすぎないのである。はっきり覚えておくべきは、自分がいちばん望んでいることが、たいてい実現するということだ。

④あなたがいまいちばん願っていること、望んでいることを5つ書き出す

その横には、達成したときの利益と見返りを書いてみる。このリストを毎晩寝る前と、毎朝起きたときに神経を集中して見ること。

⑤あなたが最も望んでいることをすでに実行している人を今週中に見つけ、直接話をすること

これはスキー、演技、歌、スピーチ、ハンググライダー、セールス、起業、よき配偶者や両親など、対象は何でもいいのだ。エキスパートを見つけ、自分のものにすること。その分野の成功した人からすべてを学べるように計画を立て、その秘訣を個人的に教えてもらおう。そして、成功した喜びを噛みしめている自分を想像し、精神を奮い立たせよう。

⑥目標の一つひとつについて、繰り返し何度も口に出して言うクセをつける

「私はやりたい。できる」「やりたい。できる」と自らに話しかけるときに用いる言葉を、明快で積極的な表現にする。

⑦ほかの人にやる気を起こさせたいと思ったら、その人が目的を達成することがどんなによい結果を生むか、どんな喜びを感じるかを生き生きと描き出してやること。

その人に与えられた目的を成し遂げる能力があると自分は信じていることを、はっきりと伝える。「あなたがお酒をやめなければ、離婚します」と言うより、「あなたのやり方を見てきて、私があなたの前向きな態度にどれほど勇気づけられたか知ってもらいたい」と言うほうが、相手にどれだけやる気を起こさせることができるか、火を見るよりも明らかだ。

⑧恐怖からの忠告に耳を傾けないこと

そもそも、気にしないことだ。人間なら誰だって持っているのだから。恐怖が心につきまとって離れないなら、その原因が健康状態と関連していないかどうか、まずしっかりと健康診断をすること。次に、専門家のカウンセリングを受け、心を休める方法、行動の修正方法を教えてもらう。そして、現実に成功している人々と交際することだ。これは、あなたが恐怖感を克服するために役立つだろう。

⑨誰かがあなたに悩みごとを相談に来たときは、解決につながるような積極的な行動を示唆すること

その問題が自分自身に降りかかってきたことなら、自分に問いかける――どうすれば速やかに解決できるか、と。

⑩すべてのエネルギー、情熱を迷うことなく集中させること

現在、取り組んでいる仕事を成功させるために、やり始めたことは、必ず仕上げる。

ものごとはたいてい、私の思い通りになる
なぜなら私は自分の星占いを
自分への大いなる期待からつくり出しているから

5章

大胆な自己期待を持つ

●勝者の本質
「楽観、熱中、希望」
○敗者の本質
「悲観、冷笑、絶望」

●勝者の独り言
「今日はうまくいった。明日はもっとうまくいくだろう。次のときも、きっとうまくいくだろう」
○敗者の独り言
「私は運が悪いから、きっと失敗する」

【あなたが恐れること、あるいは期待することは、必ず現実になる。身体は、心の中に秘めていることを必ず具現するからだ。】

よりよい結果を思い描け

勝者を見分けるのは簡単である。なぜなら、彼らは自分自身に対して大胆な期待を持っているからだ。

勝利を期待しない者は勝者にはなれない。俗に言う〝運〟とは、準備と自覚によってもたらされるものだということを、勝者は知っている。

勝者にとっての人生とは真剣勝負。ギャンブルだなどとは思ってもいない。

勝者が勝利を期待するのは、彼らには次の3つの裏付けがあるからだ。

(1)願望――勝ちたいという強い欲求を持っている。

(2)自己コントロール――勝利を実現させるのは自分自身であるという自覚を持っている。

(3)準備――勝つ準備ができている。喜んで勝とうとする。つまり、勝つことが習慣となっている。

準備ができていない人には、状況を見る目もなければ利用する術もない。勝者は大胆な自己期待を持っているので、いつだってチャンスを素早くとらえることができる。おかげで、運がいいと見られるのだ。

大胆な自己期待を持つこと、平たく言えば楽観主義であること――これが、成功する人間に共通して見られる顕著な特徴である。

スポーツの世界における勝者は、ここ一番という試合では、可能な限りの最高記録達成を思い描く。勝者は、選手の中では自分が最も優れていると心から信じ、それを実証することに全精力を傾けるのだ。

疑心暗鬼の人間に勝利はない。勝者は、疑うことを知らないのだ。水泳選手のマーク・スピッツは金メダル7個を期待していた。第20回オリンピック大会の期間中、彼は7度決勝戦に駒を進めた。そして、信じられない話だが、7度とも世界記録を塗り替えたのである。

試合前の、彼の自信に満ちた態度や勝利予告は、一部の観客からは鼻持ちならないうぬぼれと受け取られていた。しかし、観客の目に映った彼の姿は、もっと正確に評価されるべきものである。すなわち、大胆な自己期待の決定版だったのである。

予測し期待していることは、いつかきっと実現されるものである。タナボタ式のものとか、手にする資格があるようなものは、獲得できることもあれば、ダメな場合だってある。

しかし、**自分が予測し期待しているものは、いつだって、まず確実に手に入れることがで**

きるであろう。

一般的に、敗者が思い描くのは、失業、倒産、退屈なパーティ、ひどいサービス、病気といった否定的な出来事ばかりだ。

心の状態が身体に現われる

自分への予測や期待が、精神と身体にどんな影響を及ぼすか――この分野の世界的権威者であり指導者でもあった、ハーバート・ベンソン博士の1979年に出版された著書である『精神と人体効果』（The Mind/Body Effect）には、病気と感情との関係が詳しく述べられている。

その中で、ベンソン博士は、精神と身体の密接な相互関係を鮮やかに説明している。つまり、考え方いかんで病気にも健康にもなるというのである。

オーストラリアの原住民アボリジニの間では、祈祷師《きとうし》が生贄《いけにえ》の〝骨を砕く〟という慣習が行なわれていた。そうすることによって、犠牲者の霊魂に呪文が通じるというのだ。

呪文によって、犠牲者の魂が行く手を阻まれ、病気や死が訪れる。このような死の背景としては、犠牲者が呪文をかけられる意味を認識していることと、犠牲者が生きる社会の信仰体系を固守していることがあげられる。

ベンソン博士の著書に、アボリジニの若者のことが取り上げられている。

彼は、旅の途中、友人の家に泊まった。友人は朝食に野生のニワトリの肉を入れた食事を出した。その若者は、ニワトリを食べることを厳格に禁じられていたため、この食べ物の中にニワトリが入っているかどうか友人にたずねた。返事は「ノー」だった。そこで、アボリジニの若者は安心して食事をすませると、再び旅に出た。

数年経って2人が再会したとき、友人はその若者に、ニワトリを食べてみないかと聞いた。若者は、「部族の年長者から厳格に禁じられているのでお断りする」と答えた。すると友人は、笑いながら、「この前、食べさせたのはニワトリだよ」と教えた。それを聞いた若者は、驚愕して震え始めた。そして、24時間もしないうちに死んだのだ。

西洋では、アボリジニの若者の死と似た多数の実例が報告されている。

「あなたは43歳で死にます」と、予言者は告げた。それは、予告を受けた本人がまだ5歳のころで、38年も先のことだった。

その後、その少女は、その恐ろしい予言を心に抱いたまま成長し、そして、43歳の誕生日の1週間後に死んだ。これは『ブリティッシュ・メディカル・ジャーナル』に報告された実例だ。

この例に示されている女性は、見るからに健康な5人の子どもの母親だった。彼女はこのとき手術を受けることになっていたが、手術そのものは比較的簡単なもので、生命に関わるほどのものではなかった。しかし、2日後、彼女は死んだ。

手術の前夜、彼女は予言のことを知っている妹にこう打ち明けたそうだ。

「私は麻酔から目を覚ますことはないだろう」

手術の朝、その女性は看護師に「自分は絶対に死ぬ」と訴えていたが、医師は彼女が恐れていることを知らされていなかった。手術後1時間経つと、彼女は衰弱し始め、意識を失った。

解剖の結果、広範囲の内出血が見つかったが、これは合理的な説明がつかないものだった。

「この患者の激しい緊張と、外科手術に対する心理的ストレスが重なったことが、死に関係があるのではないだろうか」と医師たちは語っている。

イギリス医学協会のスポークスマンは、「これは医学的には説明のつかない現象だ。予言者が告げた日時に死ぬという原住民の例に似ているようだ」と言っている。

歴史に残るロックスター、エルビス・プレスリーの死はどうだろう。彼もまた、43歳の誕生日を迎える直前に死んだ。彼の母が死んだのと同じ原因で、同じ年に死んだのだ。つまり彼は、そうなることを見通していたのだ。

広域にわたって何千人もを対象に行なわれた詳細な生活史調査の結果、健康の変化、すなわち病気、事故、妊娠などは予測可能であることが明らかにされている。

これは、精神身体医学分野の研究による発見の一つだ。精神身体医学とは、精神と身体、この両者が互いにどう影響し合うかを研究する学問である。病気は病原菌が原因で起こるとは限らないことが、科学者によって解明されている。つまり、人は誰でも病原菌を持っているが、それだけが原因で病気になる人はごく少数である。一方、その個人の人生に対する姿勢が病気の原因と深く関係しているということだ。

身体の免疫システムは、異物や病原菌と戦う抗体をつくる働きをしている。ストレスによる生活の変化、いやな予感、健康の変化の起こるきっかけは、この免疫システムと深い関係があるらしい。恐怖と不安を感じるときは、多くの身体機能を抑制し、同時に抗体生産も抑制するようだ。

苦痛の多い状況に置かれると、感情のバランスを保つ役割をするホルモンの分泌が乱れる。感情的になった人は、事故に遭う危険が大きい。

胃潰瘍は、私たちが食べた物が原因で起こるのではなく、ストレスが原因となることのほうが多い。喘息は、親から溺愛されている子どもに非常に顕著であり、また、長引く傾向にある。まったく、〝息づまるような愛〟の犠牲者だ。この種の喘息に対する最もいい治療法は、〝親からの隔離〟で、デンバーの小児喘息病院では実践されている。この実践の結果、親から引き離すことによって、子どもはずっと呼吸が楽になるということがわかっている。

これらのことが、どうして自己期待と勝つための心構えに関係してくるのか？

それは、心にこびりついた考えが、肉体に現われるからである。あなたが、あんなふうにはなりたくないと思っていればその通りになるし、これだけは欲しくないと思っていればそれを得ることになる。

すなわち、**あなたは、自らが思い描いているものになる**のである。自己実現を予言する力は、人間の最も驚くべき能力の一つだ。

あなたは自分自身にどんな期待を持っているだろうか？

期待が成功を導く

人生の勝者は、自己実現の予言を信じて、常に向上しようと努力する。よりよい仕事、健康、経済的な豊かさ、温かい人間関係、そして成功を思い描きながら突き進んでいく。勝者となる者は、問題が持ち上がると、これは自分の能力と決意を示すよい機会だ、と考えるのだ。

私が出会った人の中で最高の楽天主義者は、たぶんプロゴルファーのリー・トレヴィノだろう。

トレヴィノは言う。

「私は、自分を金儲け主義のゴルファーだと思っている。大きな賞金がかかっているゲームのときはいつでも、賞金を獲得するためにプレイする」

ある女性にサインを求められたとき、トレヴィノは、彼女の差し出したゴールドのペンに気づき、「私の好きな色――それは金だ」と言ってからかったことがある。

リー・トレヴィノは、パーマーやニクラウス、ワトソンと並びゴルフ史上に名を残すプレイヤーだ。全盛期には、PGAツアーの獲得賞金額のトップ争いに常時名を連ねていた。トップの座を競う彼の試合ぶりと、彼の勝ち方には、何か独特なものが感じられた。

リー・トレヴィノは、ジャック・ニクラウスのような強靱な肉体は持っていない。絵になるような華麗なスウィングもしない。どうみても優秀なプレイヤーとは思えないフォームだ。しかし、彼には見事な集中力がある。彼は、ただ勝つことのみを考えているのだ。

インタビューを受けて、彼は言った。

「私は、カナディアン・オープンに勝った。そして、USオープンにも勝った。3大オープンの制覇をしたいから、全英オープンにも勝つつもりです」

そして彼は、見事にそれを成し遂げた。

リー・トレヴィノは肺炎を患い、USオープンが始まる直前になってもまだ、完全に回復し切ってはいなかった。

「プレイしないほうがいいですよ、悪化するかもしれないから」

と医者は警告した。トレヴィノは、

「かえってよくなるかもしれないし、勝つことだってありうる」

と答えて、ゲームに出場した。結果は、もう少しで優勝するというところまでこぎつけたのだ。

彼は雷に打たれて、手術を受けたこともある。手術後なかなか復調せず、再び優勝するまでには長い時間がかかった。カナディアン・オープンでやっと優勝することができたとき、彼はこう言った。

「これが本来の私だ」

ずんぐりして、がむしゃらで、自画自賛の笑顔を絶やさないこのラテン男を、並外れた存在にしたものは、いったい何だったのだろうか？

楽観主義のすすめ

リー・トレヴィノは、あきれるほどの楽観主義者だった。彼に「お前のプレーは最高じゃない」と言ってもムダだ。彼は、それ以上のプレイを知らないのだから。

「以前は、皆がオレを貧しいメキシコ人だと思っていたんだ。それが最近では、オレのことを金持ちで勇ましいスペイン人だと思っている」

とトレヴィノは言う。

これを横柄だという人もいるかもしれない。しかし私は、これを自信と呼びたい。つまり、熱中がもたらした習慣なのだ。まさに活動的楽観主義と言える。

自分の成し遂げる成果に期待を持つことは、スポーツ選手や、ビジネスマンのみならず、家庭においても大切なことだ。楽観的な両親の人生への熱中ぶりは、子どもたちにも伝わっていく。彼らがいるところでは、誰も無関心でいることはできない。彼らの優しくてセンスのいいユーモアや、人生の明るい面に目をやる能力は、とくに愛し合う者の間に団結心を育てる。子どもたちは、両親の素晴らしいものの見方に影響を受ける。

勝者は、否定的な考えをしている限り、運にも恵まれないことを知っている。そして、楽観的な期待を持つことが、人生を上向きにし、最高の〝運〟をつくり出すいちばん確実な方法だと知っているのだ。

アメリカで行なわれた水泳大会に出場する14歳のオーストラリアの少女シェーン・グールドに、ニュースレポーターがこんな質問をした。

「レース経験がまだ少ないけど、この試合でどんなふうに戦うの?」

と。彼女の答えはこうだ。

「今日は、世界記録がつくれそうな気がするわ」

彼女は、言葉通りに100メートルと200メートルの自由形で二つの世界記録をつくった。

体力のいる400メートル種目には勝算があるのかと聞かれたときは、こう答えた。

「私はレースごとに強くなっているし、もし勝ったら、両親がディズニーランドに連れて行ってくれるって言ったわ。だから、勝つつもり」

彼女は、3つの世界新記録を掲げてディズニーランドへ行った。16歳のときには5個の世界記録を保有し、水泳界の第一人者になっていた。シェーン・グールドは、若い頃から、自分で自分自身に期待することの威力を身をもって知っていたのだ。

私たち一人ひとりは、みんな自分の行動に責任を持ち、行動の成果も自分で導き出しているのだから、楽観主義を選ぶかどうかも自分で決めることだ。成功した人——勝者とは、自分で成功を築き上げた人のことである。つまり、**自分が成功することに対するポジティブな予想が、結果として彼らを成功へと導いた**にすぎない。

人々は、消極的で、悲観的で、懐疑的な人間を敬遠しがちだ。一方、積極的で自信に満ちた、楽観的な人間には引きつけられていく。前者が敗者であり、後者が勝者であることは言うまでもない。

楽観主義とは、山火事のようなものだ。燃え上がる火が見えるよりも前から匂いが漂ってくる。楽観主義とは、ハエ取り紙のようなものでもある。望むと望まざるとにかかわらず、ハエを引き寄せ、くっつけてしまう。

人は誰でも成功している者が好きだ。負け犬のような人間についていく者は誰もいない。楽観主義、熱中、信念、期待。これらはすべて、自分が自分に期待することにほかならない。

自由の身になれない捕虜が、いったい何を期待できるだろう? 自分自身に勝つことができなくて、人生に何が期待できるだろうか?

勝つことだけを思い描きなさい。

ムダにできる時間はないのだ。

まとめ 内容がしっかりと頭に入るまで、1ヵ月間繰り返し読むこと

人生の勝者となるための素質にはいくつかあるが、このうち最もわかりやすいのは、楽観主義と集中力だ。

勝者は、精神身体医学の理論——精神と身体は深い関係を持っているということを理解している。精神状態とは、体調がそれを物語ってくれることを知っている。

人生は、自らの予言を達成するためにこそあり、人は、自分が思い描くものをこそ獲得できる。この明白な原則を、勝者となる者は知っている。敗者なら「運がないから、失敗するに決まっている」と言うところを、勝者は、「今日はうまくいった。だから明日はもっとうまくいくはずだ」と胸を張る。

物事に対する怯えや心配は、度が過ぎると慢性的な不安に変わり、苦痛となる。その結果、体内ではある種のホルモンや抗体の生産がうまくいかなくなって、抵抗力が落ちて病気や事故に遭いやすくなる。

反対に、いつも明るい未来を思い描いているような精神状態であれば、身体も心の指図に従うようになり、常にバランスのとれた健康状態でいることができる。あなたの精神が健康で期待に満ちあふれ、創造性豊かであれば、あなたの身体も健康であり、活力も湧き、

心の好調ぶりを表現しようとする。

だから、頭痛、腰痛、胃潰瘍、ジンマシン、帯状疱疹《ほうしん》、喘息、アレルギーなどの病気は、身体器官の疾患というよりむしろ精神的な不調によるものと考えられる。

生きていくなかで、常に最良のことを思い描くことによって、精神的にも肉体的にも、勝つことへの心構えができていくのである。

自分への期待感をより大胆に持つために、今日から始める10のこと

①朝起きてから寝るまで、次のような前向きな言葉を自分に言い聞かせること

「今日もいい1日に違いない」「物事というのは、自分がそうしたいと思う方向に動くものだ」「今年は素晴らしい年になるだろう」「今度は、もっとうまくできるぞ」「他人の力を借りなくたって、自分たちだけでうまくやれるさ」。

②どんな交遊関係においても、何でもよい面を見出そうとすること

もし非常に腹立たしいことがあったとしても、そのことで得られた副産物や教訓のほうに目を向けること。

③困難な問題に出くわしたときは、それをいちだんと飛躍するためのチャンスだと考えること

仕事のうえで、また目的達成をはかるうえで、いま自分を阻んでいる最も差し迫った問題を書き出してみる。そして、各々の問題について、1~2行の簡単な理由を書いてみる。次に、その理由を、創意工夫してチャレンジするチャンス、あるいは実行の場としてとらえるとしたらどうかという視点で書き直す。それをじっくり読んで、「もしこれが自分の親しい友人に起こった問題だとしたら、どのようにアドバイスしたらよいだろうか?」というように、客観的な目で解決策を考える。

④どんなに緊張するような出来事にあっても、ゆったりとくつろいでいられるように訓練すること

身近で起こる出来事や周囲にいる人々を、単なる風景とか、集団としてとらえるのではなく、その中で称賛できる人は誰か、あるいはその出来事の中で価値あるものは何かを抽出するよう心掛ける。それは批判的に物事を見るということではなく、今後の行動の助けとなるようなものを探すような見方をするということだ。

緊張感とか不安がしのび寄ってきたら、すかさず、ゆっくりと深呼吸する。声の調子と話のピッチを下げる。ゆったりと座り直し、筋肉をゆるめる。そして、問題に対して冷静に対処し、いろいろな方向からの解決方法を考案する。

⑤健康に注意すること

具合の悪いところがあれば、治るものはすぐ治す。予防できるものは予防する。そして、健康体であることを楽しむ。

⑥人の考え方や潜在意識は、日常会話の中から容易に読み取れることを忘れない

あなたが、「自分は健康である」ということを他人に示したければ、自分は健康であると信じ込まなければならない。そのためには、積極的に健康であることを自分に言い聞かせることだ。いわく「いま、私はとても気分がいい」「私は若くて気力十分だ」「ベストの体重に刻々と近づいていきているぞ」「栄養と運動量のバランスが実にいい状態になりつつある」など。

⑦子どもとのつき合いのなかで、健康でいることの大切さ、恩恵に、子ども自身の注意を向けてやること

子どもと接するとき、彼らの健康状態をチェックし、的確な治療を受けさせることも大切ではあるが、そればかりを考えているのでは不十分だ。子どもの小さなケガや病気に親が大騒ぎしすぎると、子どもは病気になることの価値を見つけてしまう。過保護が習慣になると、子どもはアレルギー、痛み、大げさな反応などを起こしやすくなる。

⑧友人や仕事仲間、ほかの人々にも最高のものを期待すること

リーダーとなるために必要な二つのポイントは、他人に勇気を与えることと、ほめることだ。日頃から、自分の仲間や家族に対して、自分の楽観的かつ積極的な期待を常に口に出して言うこと。それは、その人たちをその気にさせやすいものだ。

⑨常に楽観的な精神状態でいるための最良の方法は、成功した人々や楽観主義者たちとつき合うこと

これは同時に、その楽観的な状況で自らの現実の姿を検証していくことで、あなたは現実的でかつ楽観的な人間になることができる。つまり、自分は、問題解決の能力があるか、あるいは、建設的なことを思いつく能力はあるか、と。

⑩幸福な気分で目覚めること

楽観主義と悲観主義は、経験の中から得られる。そして、それらは即、行動に反映される。大胆に自己期待する力を発達させる最良の方法の一つは、人生のなるべく早い時期に、あるいは少なくともその日その日の早い時間に、楽しい気分をつくり出すことだ。音楽で目を覚まし、シャワーを浴びながら歌う。そして、楽観的な人で、気の合う人を見つけて、その人と朝食をとりなさい。通勤の途中は、やる気を起こさせるような音声教材を聞くこと。本や雑誌、新聞の記事を読むときは、知識として身につき、自分を奮起させるようなものを選ぶことだ。

あなたの自己イメージは、
人生の障害にもなるし、
成功への自動航行装置にも、
どちらにもなる！

6章

どん欲な
自己イメージづくり

●勝者の本質

「豊かな経験、具象化して考える力、創造力」

○敗者の本質

「暗いイメージ、心配、心の弱さ」

●勝者の独り言

「自分がいつも変化し成長しているのが見える」

○敗者の独り言

「私には魅力なんかない。ただの平凡な人間にすぎない」

【人は、そう見られたいと思っている人物像になっていくものだ。】

自己イメージが自分を決定づける

成功する者は誰もがどん欲に自己イメージを育み、そして、絶えず自己イメージの検討を行なっている。

勝者は、自分の演じたい役の理想像をつかんでいる。そして、その役になった気持ちになり、その役にふさわしい言葉を選んで、勝者のように振る舞う。自分はこうなるという魅力を先取りしているわけだ。

あなたは、〝そう見られたい〟と思っているものになることができる。あなたが、〝自分はこういう人間だと感じる〟人が、あなたそのものなのだ。

あなたを押さえつけているものは、〝……である〟自分なのではなく、〝……ではないと思う〟自分なのだ。

人は、〝自分はこういう人間だ〟という事実にそって振る舞うわけではなく、**〝自分はこういう人間なのだ〟と考える自分の知覚に従って振る舞うのだ。**自分についてどう感じているのかが、その人のすべてだ。なぜならば、いま自分はこういう人間として存在していること、あるいはこういう自分になりたいと憧れていることが、あなたがつくり出す自分のイメージに投影されるはずだから。

自分で持っている自分のイメージ――自己イメージというものは、自らを決定づける重要な概念となる。

自己イメージは、人間の行動を理解するうえでの根本的な要素だ。自己イメージが変われば、自分のパーソナリティや行動のスタイルも変わる。

形成外科医であり、『新版 自分を動かす』（小圷弘訳、知道出版、2008年）の著者でもあるマクスウェル・マルツ博士は、「精神医学上の今世紀最大の発見は、『自己イメージ』である」と言っている。

私たちは、子どもの頃から、思考と経験、屈辱と喝采、失敗と成功を繰り返しながら生きている。そして、こうしたなかから生まれてきた信念にもとづいて、それぞれに、複雑に糸の交差する織物のような自己イメージをつくり上げてきている。

子どもたちの持つ自己イメージは、外部の人の指導や批判にたやすく揺さぶられる。しかも、感受性が強いから、外部の刺激をキャッチしやすい。だから、先生や親から劣等性として扱われた子どもは、本当に自分が普通の子どもより劣っているかのように思い込んでしまうこともある。

ある小学校の先生が、自分の生徒を対象にして行なった実験がある。

子どもたちの両親の許可を得て、彼女は生徒たちにこう言った。

「最近のサイエンス・レポートによると、青い目をした子どものほうが、茶色の目の子より、学習能力が優れているという結果が出ています」

そして、子どもたちに、自分が〝青い目〟か〝茶色い目〟かを記した小さなカードをつくらせて首に掛けさせた。1週間ほど様子を見ていると、〝茶色の目〟グループの子どもたちの成績が目に見えて落ち込み、〝青い目〟グループの成績は著しく向上した。

それから一転して、彼女は同じクラスで次のような発表をした。

「この間の話は間違いでした。本当は〝青い目〟の子のほうが〝出来が悪く〟、〝茶色の目〟の子のほうが〝出来がいい〟というのが正しいのです」

すると、〝茶色の目〟グループの自己イメージは上昇し、それにともなって成績も向上したのだ。反対に、〝青い目〟グループの子どもたちは成績が下がった。

これは、暗示の力がいかに大きいかを物語っている。

この子どもたちと同じようなケースに、性別がある。従来から、男性には〝強い〟性のイメージ、女性には〝弱い〟性のイメージが与えられてきた。社会的には、女性は弱い性とされ、より〝低い〟〝理解の遅い〟〝少ない〟能力しか持たないとされていた。その結果、女性自身も、自分たちの性を〝男性に比べて劣等なものだ〟という制約された自己イメージに支配されてきた側面がある。

今日、社会における女性たちの台頭は、着実に進んでいる。いわゆる〝女性解放〟は、もっと適切な表現をすれば、〝女性向上〟とも言うべきものだ。女性が、自らの性を男性に比べて劣等なものではないと認め、自己イメージを向上させてきた結果、その行動の幅は広がり、業績も上がってきている。何人もの成功した女性が登場することによって、女性は劣等なものではないという認識が、社会全体にも、女性たち自身の中にも生まれている。そして、そのことがまた、女性に新しい自己表現のチャンスを増加させていることにもなっている。

私たち一人ひとりは、男も女もそれぞれの才能、性格、技量に応じて自己イメージをつくり上げている。


「私は腕の悪いコックだ。ゆで玉子一つ満足にできやしない」

「私は名ダンサーだ」

「自分にはとても素晴らしいユーモアのセンスがある」

「ボクは、ものすごく記憶力がいいんだ」

「私は、思いやりのある、温かい人間だ」

「自分は時間を守れたことがない」

「女の居場所は家庭だ」

「男は外で働き、女は帰りを待つものだ」
「オレこそは男の中の男だ」
「自分は生まれながらの敗北者なんだ」

このように、**私たちは自分で描いた〝心の中の自画像〟にコントロールされている。**それは、自分が自分に設定した限界なのである。そして、私たちはその限界を越えることができない。できることといえば、制限の枠をちょっと広げて、その中で生きていくことぐらいがせいぜいである。

自己イメージは、その人間のタイプと可能性を決定づける。自己イメージ、それは、私たちの人生コントロール装置といってもいいだろう。

潜在意識があなたを決定する

自己イメージは、はっきりと意識にのぼらないレベルにある。〝潜在意識〟という用語は、一般に、かなりいいかげんに使われているが、これを意識の一種と考えるよりも、むしろ意識の構造の一つ、あるいは一つの能力と考えるほうが、より的確であろう。

誘導コンピュータは、目標を探すようにプログラムされた装置である。これは水雷とか、弾道ミサイルなどに取りつけられ、コンピュータを駆使して的確に目標を探し出し誘導する、高度で複雑なシステムである。

人間の脳も機能としては同じようなものだといえる。しかも、複雑きわまる人間の脳は、いままでに発明されたどんなに素晴らしいシステムも遠く及ばないほど優れている。

図（114ページ参照）で説明するために、意識にのぼった思考を〝判断〟、潜在意識にとどまる思考を〝ロボット〟と呼ぶことにしよう。

判断――意識にのぼった思考のこと。周囲の出来事の中から情報を収集してそれを記憶し、合理的決定を下す。責任を持つ部分。

ロボット――潜在意識にとどまっている思考のこと。呼吸や心臓の鼓動のような身体の自律運動、メモリーバンクと呼ばれるところへの情報の貯蔵、目標探しの責任を負う部分。

〝判断〟と〝ロボット〟の相互関係における重要な点は、〝ロボット〟あるいは潜在意識が〝判断〟にOKを出すまで、〝判断〟は決定を下せないということだ。

何か事が起こると、〝ロボット〟は、重要な自己イメージを貯蔵してあるメモリーバンクを調べ、即座に〝判断〟行動に利用できるデータを転送する。〝判断〟が〝ロボット〟をコ

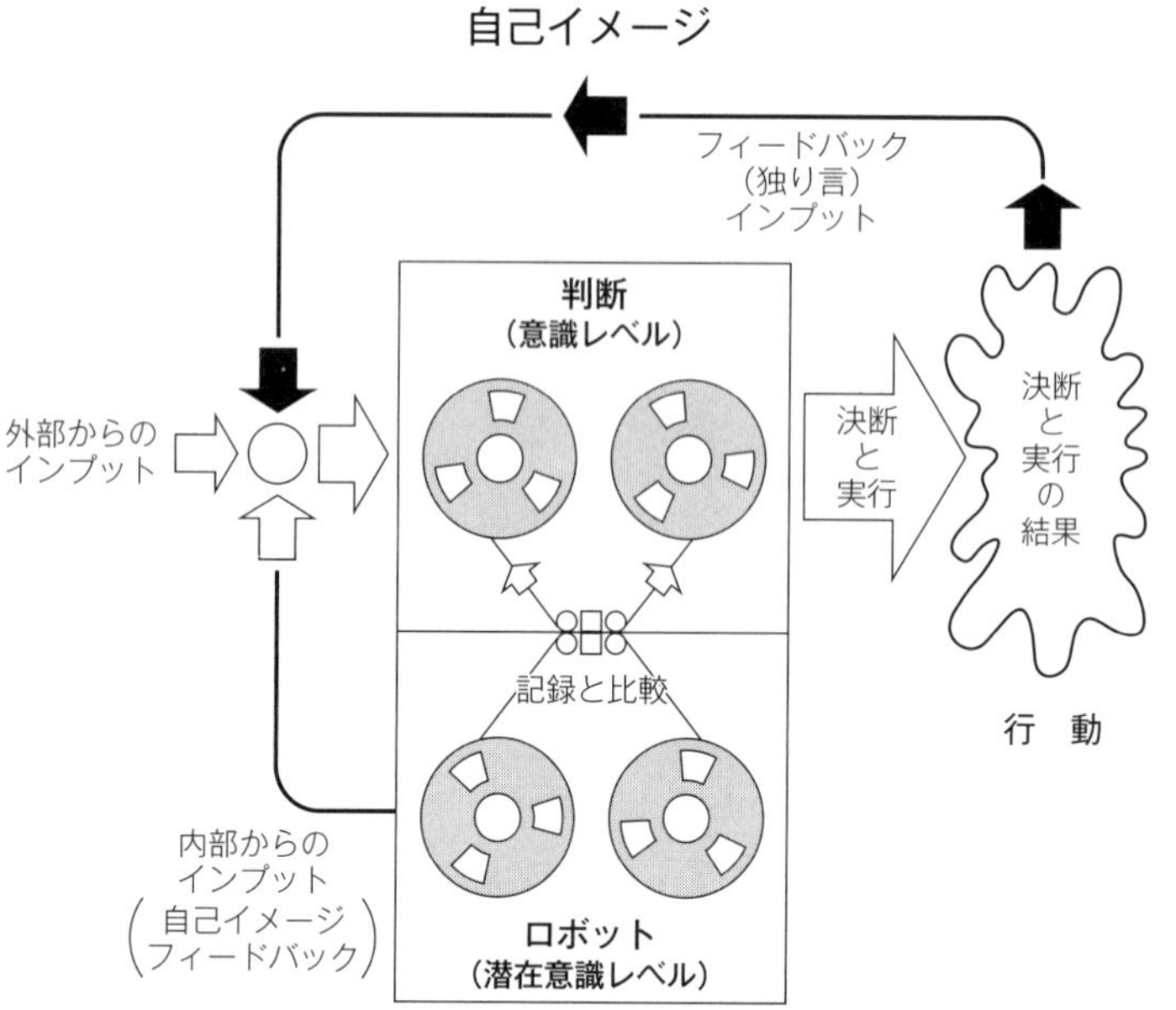

ントロールする。これを主人と奴隷的な主従関係と想像するのは当然だろう。ところが、驚くなかれ、実はその反対なのだ。**潜在意識下の思考〝ロボット〟が、意識上の思考〝判断〟をコントロールする**のである。

行動が〝判断〟との相談なしに行なわれることはしばしばある。しかし、〝ロボット〟を参照しないで行動が開始されることはありえない。

〝ロボット〟のメモリーバンクに入れられた情報は、いつまでもそこにとどまる。これまでの人生の中でインプットされた何十億という情報は、すべてそこに入れられており、呼び出されるのを待っている。それらを故意に消すことはできない。無視したり、修正したりすることはできるが、人間は生きている限り自分のデータバンクから離れることはできない。

脳外科の世界的権威者だった、モントリオール神経学研究所のワイルダー・ペンフィールド博士とレイマー・ロバート博士はこの説を強く支持し、事実として確認している。

彼らの研究によれば、患者の脳細胞を電極で刺激すると、その人は、過去からよみがえってくる感覚を味わうと報告している。その回想は、非常にはっきりとしていて、音、色、臭いを含んだすべてのものが、詳細に、鮮明に味わえるそうだ。ただ単に思い出すのではなく、完全に再体験できる。

自分の〝ロボット〟は、自分のために、ときには自分に反して動くように絶えずプログラムを組み、また組み替える作業を続けている。これが生涯続けられるのだ。〝ロボット〟は、単なる機械装置にしかすぎないから、〝判断〟が定めた目的や目標に合致するよう一所懸命に働いている。その目的がその人にとってプラスになろうがマイナスになろうが、真実であろうが偽りであろうが、正しかろうが間違っていようが、安全であろうが危険であろうが、そんなことは〝ロボット〟には関係がない。〝ロボット〟の唯一の機能は、インプットされている情報にもとづいて、情報の示す通りに行動することだけなのだ。それは、コンピュータがハードディスクを瞬時に読み取って答えをはじき出すのと同じだ。

人間の神経システムは、感情をともなって、詳細に、生き生きと描き出された空想の経験と、実際の経験とを判別できなくなってしまう。これは、科学者たちの一致した見解だ。

私たちが、日常絶え間なく行なっている決定の多くは、実際に起こった〝事実〟としてインプットされている自分自身に関する情報にもとづいて行なわれている。しかし、その中には、いつのまにか自分が〝事実〟だと思い込んでしまった虚構も含まれているのだ。この虚構の中にこそ、自己イメージ形成の秘密が隠されている。

「私は成功した人物だ」と自分に思い込ませることができたら、あなたはもう、成功したも同然だ。

成功している自分になり切る

意識上の〝判断〟レベルで自分を変えようと努めても、たいていの場合、その変化は一時的なものでしかない。

いまここで、10年間にわたって1日1箱吸い続けていたタバコを、思い切って完全にやめようと決心したと仮定しよう。「絶対やめるぞ」と決意を固めるのだ。

まずあなたは、〝判断〟のところへ行って「これからずっとタバコは吸わないことにする」とその決意を伝えるのだ。〝判断〟としては、無条件にあなたの決意を信用したいところだが、〝ロボット〟のメモリーバンクに問い合わせて、インプットされているあなたの喫煙記録をチェックする義務を負わされている。

〝ロボット〟は、あなたが過去に何度かタバコをやめようとしたことがあるか、やめることができたかどうかをチェックし、そのうえで、あなたの自己イメージからの報告を待つ。自己イメージは、過去10年間、あなたが1日も欠かさずタバコを常用していた喫煙者であることを目撃している。そして、あなた自身が、まだ自分を喫煙者だと見なしていることを報告する。

こうして、数々のあなたの「喫煙に関する情報」が〝ロボット〟の報告書に自動的に盛り込まれ、瞬時に〝判断〟のもとへ送られる。〝判断〟は、文字通り合理的に物事を見極める機関なので、あなたを「まもなく約束を破るであろうエセ禁煙者だ」とみなす以外どうすることもできない。その結果、結局のところ、この禁煙の決意は脆くも崩れ去っていったりするわけだ。

〝判断〟と〝ロボット〟が対立する場合は、新たに経験した恐怖とか欲望がよほど強烈なもので、過去の情報を完全に制圧するものでない限り〝ロボット〟のほうに勝ち目がある。

喫煙の例でいえば、タバコを一口吸ったがために心臓発作を起こして救急車で病院に運び込まれ、「今度一口でも喫ったら、確実に天国に直行することを保証する」と医者に宣言されるようなことがあれば、それは完璧にタバコをやめられるケースだ。

パーソナリティや行動を完全に変化させるには、まず自己イメージの変換が必要だ。加えて、ライフスタイルの変換が補強されれば、ほぼ長期にわたっての行動様式の変換が可能となる。

行動、パーソナリティ、達成レベルは、たいてい自己イメージと一致している。

ゴルフのハンデがいい例だ。数多くのラウンドを回ったベテランのあなたが、「自分は一生ハンデ18のままだろうな」と思えば、あなたはいつも90台を叩くことになる。

ある日、あまり自分にとらわれないでコースに出て、アウトを36打、パーで回ったとする。これは、いつものあなたには信じられないほど素晴らしい。ハンデ18の自己イメージを持つあなたは、インをどう戦うだろうか？　そう、まさにその通り。あなたは、ボールを林に打ち込み、池やバンカーにボールを入れてしまう。ゲームが終わったとき、結果的に〝もとのあなた〟に戻っているのだ。インで55も叩くことによって、やっと緊張感から解放される。あなたの自己イメージにあるハンデにちょうど収まったからなのだ。

あなたの自己イメージは、自分の一生のハンデ――達成目標をどのへんに置いているだろうか？　あなたは、自分の〝ロボット〟の奴隷となっていないだろうか？

人は、自己イメージから逃れることはできない。いや、どうしても逃れたければ方法はないこともない。アルコールや麻薬に逃げ込めばいいのだ。敗者は、そうやって毎日逃避している。記憶喪失になる手だってある。そうすれば、何もかもすっかり忘れられる。

勝者は、自己イメージをコントロールし、そのうえで自分の思うように変えていく。自己イメージを高め、自分の世界を広げていく。

勝者は、心配とか不安、敵意やあきらめは、人間の豊かな想像力をダメにしてしまうものだということを知っている。自分が最もなりたいもののイメージをはっきりとつかみ、自分に投影しているものが勝者となることができる。

勝者たる者は、成功する前から、すでに自らが目的を達した成功者であるかのように、自分の未来像を描いている。その像は、鮮やかに、細部まではっきりとした感触を持ってつくり上げられている。

子どもが、〝ごっこ遊び〟をしているように、勝者も自分のやりたい役を演じる。彼らは、自分の〝ロボット〟が「本当の自分」と「本当だと思い込んでいる自分」の区別がつかないことをわきまえている。

成功する者は、成功する以前から、自分を成功者の社会の一員だと考えている。すでに、首からかけられた金メダルの重さを実感している。

彼らは、自分の手で、自分自身に賞状を与えるのだ。彼らが、たとえどんなに高慢に見えようとも、あるいは謙虚だと感じられようとも、そんなことは関係ない。彼らは、一様に、自分には目標を達成できるだけの価値があると、前もって感じていることだけは確かだ。

成功する者は、成功した者のように物事を感じ取る。勝者となる者は、勝者の目で世の中を見る。

あなたには、今日、何が見えているだろうか？　明日のあなたはどんなふうに見えるだろうか？

成功することだけを考えなさい。

ムダにできる時間はないのだ。

まとめ　内容がしっかりと頭に入るまで、1ヵ月間繰り返し読むこと

勝者は、自己イメージが恐ろしいほど重要なことを、とくに自覚している。

現実よりも優れた自分、成功した自分を常に心の中に描いておくことが、自己イメージ

を引き上げることに役立つとも気づいている。自分で与えている自己イメージが、潜在意識として、自らの人生を規定していく装置の役割を果たしていることを知っている。

つまり、自己イメージの中に、実行している姿とか、成功している姿を映し出すことができなければ、現実に実行することも成功することもできないということだ。

自己イメージは変えることができる。なぜならば、潜在意識は「現実の成功」と「鮮明に詳細に何回も想像している成功」とを区別することができないからだ。

勝者の独り言は、こうだ。

「自分が変わっているのがわかる。また成長し、目標を定め、勝とうとしている自分がよく見える」

敗者はつぶやく。

「私がうまくいかないのは、スランプ、欠点、才能がないからなんだ。それに、いつも何かしら邪魔が入る」

あなたの行動と個性は、たいていあなたの自己イメージと一致している。自己イメージは、複雑に織りなされている概念だ。これは、いままでに経験してきたすべての物事に対する感情、反応——喜び、恐怖、怒り、悲しみなどがすべて含まれて出来上がっている。

いままでに身につけてきた行動とか処世術は、潜在意識、あるいは自然に行なう思考のレベルに、〝自己のイメージ〟として記憶されている。「これこそ本物の自分だ」と思っているものは、時が経って成長したロボットのような自己イメージのフィルターにかけられ、一人歩きし始める。つまり、他人の目にどう映ろうが、「自分はこうだ」と思っている自己イメージの中に定着するわけだ。「これが本当の自分だ」と何度も想像しているものが、現実の自分として存在するようになる。

勝者となる者は、自己イメージの中に自分が理想とする人物を想像し、思い描く。〝ロボット〟は、その台本を読み、記憶し、そのように行動するのだ。

自己イメージをどん欲につくり上げるために、今日から始める10のこと

①海岸へ、田舎へ、公園へ散歩に出かけ、子どもの頃遊んだことを思い出そう

サビついた想像力に油をさして、磨きをかけなさい。あなたの世界を支配しているのは想像力なのだから。

②必ず、1日20～30分、リラックスする時間をつくること

通勤の途中でも、昼食時でも、起き抜けでも寝る前でも、いつでもいい。この時間は、リラックスして、自分自身のいちばん望むものを手に入れ、楽しんでいる自分の姿を頭に描いてみる。映画の予告篇を3本見ているつもりになればいい。

一つは、仕事で成功を収め、表彰状と昇進の辞令、ボーナスを受け取っている自分の姿だ。次のシーンは家庭の中にいる自分。なつかしい人と再会を喜び合ったり、愛する人とともに遊びに出かけたりしている自分の姿を見る。最後は、自分の趣味や個人的興味のある世界で勝利にひたっている場面を映し出す。それはテニスであったり、ゴルフであったり、スポーツジムであったりしていい。そこにいるのは、勝利の喜びを味わっている自分だ。

一つひとつの出来事を、本物の感激をもって味わうこと——「これは、なんて素晴らしい経験なのだろう！」と。

③1ヵ月に1冊伝記を読むこと

毎月、あなたの専門分野で、あるいは趣味の分野で一流になった人の伝記を読みなさい。尊敬する人の伝記でもいい。読みながら、自分自身がその人になったような気持ちになってみること。

④リラックスしながら、大成功を想像し、細部まで頭に描いてみること

心を落ち着ける音楽を流しなさい。音楽を聴きながらリラックスしていると、潜在意識が解放され、あなた自身を創造的なイメージの世界へと引き込んでいくだろう。

⑤子どもたちにお話をしてやる時間を持つこと

子どもを相手にした話は、想像力を駆使しなければならない。昔話でも怪談でも、科学の話でもなんでもいい。週1回、子どもたちを寝かしつけるために話をすれば、想像力豊かな話し手となれる。

⑥テレビを見るなら、やる気を起こさせるような特別な番組に限ること

ただ習慣として漫然とテレビを見ていると極端に視野が狭くなり、豊かな想像力が失われてしまう。これは、子どもたちにしても同じことだ。

⑦緊張をほぐし、瞑想、自己暗示をするためのトレーニングを受けること

これらの訓練を通じて、〝空想〟にふける能力を身につけること。そうすれば、海を想像するだけで潮の香が漂い、船べりを洗う波の音が聞こえ、風にはためく帆やカモメの翼が見え、あたかも現実に海原を帆走しているような興奮が味わえるだろう。

⑧通勤電車の中でも、車を運転しながらでも、教養を身につけ、やる気を促すCDを聴くこと

聴くことは想像力を刺激する。外国語を勉強しているときのことを考えてみなさい。繰り返し聞いたものは、長い間忘れないことに思いいたるだろう。

⑨一生勤め続ける企業にエントリーシートを書くようなつもりで、自分の資格や能力

を網羅した履歴書を書く

これには、過去の実績を書くのではなく、現在持っているはずの潜在能力、将来発揮できるはずの潜在能力を最大限に書き出すのだ。そしてこの履歴書を毎週読み、2ヵ月ごとに内容を補充して改訂する。これは、信頼している人、自分の目標達成のために力になってくれる人のみに見せる。

⑩自己イメージは、自己評価を視覚的、概念的に表わしたものだ。この週末に、自分を表現するイメージの棚卸しをすること

たとえば、衣服、車、家、ガレージ、押入れ、洋服ダンス、机、写真、芝生、庭など、あなたらしくないと感じられるものがゴチャゴチャと顔を出していないだろうか。不必要なものを順にリストアップして消去しなさい。

人生におけるあなたらしさの表現を研ぎ澄ましたものにすること。

私は繭から飛び出して
月に足跡を残すだろう。
私がずっと願っていることは
そういう人になること。
それは私しだい。
そういう人
……それは自分自身。

7章

明確な目標設定

●勝者の本質

「目標探究、合目的的、自動制御」

○敗者の本質

「無目的、曖昧、移り気」

●勝者の独り言

「私にはゲームプランがある」

○敗者の独り言

「決められないんだ」

【目的地を持たない船には追い風は吹かない。】

人生の行動計画を立てよう

人生の勝者は、100人に一人いるかいないかだが、彼らは、ほかの人々と一線を画す重要な特徴を持っている。それは、**自分の生きる方向性が明確化されている**ことだ。勝者は、人生というゲームに勝つための行動計画を携えている。

私が出会った成功者は皆、自分がいまどこへ向かって歩いているのかを知っていた。人生の勝者は、目標と役割を持っている。彼らは、自分の欲しているものを知り、それに向かって歩き、必ず獲得している。

彼らは、目標を定め、達成に向けて自分のとるべき道筋を決めているのだ。

目標達成とか成功は、価値ある前進の具体的表現だと定義づけることができる。

〝人間〟の基礎的な行動システムは、設計段階から目標探究型につくられている。非常に基本的な部分の類似性で、誘導魚雷や自動操縦装置と比較できるかもしれない。

目標を定めると、自動推進システムは、常に目標地域からのフィードバック信号をモニターし、誘導コンピュータのコース設定を調整し、修正すべきところは修正しながら目標的中に必要なすべてを決定する。

不完全なプログラムであったり、標的が特定できなかったり、射程距離から大幅に離れているターゲットに的を絞ったりした場合は、どんなに優秀な誘導装置つきの魚雷も、推進システムに故障を起こすか、自動破壊されるまで不規則にさまようことになる。

人間の一生における各個人のシステムについても、これと同じことが言える。目標を設定すると、この自己動機づけシステムが、常時、セルフトークや目標に関する環境フィードバックをモニターし、意識下の〝ロボット〟にセットされている自己イメージを調整しながら、目標に到達するために必要なすべての事柄に決定を下す。

曖昧でいいかげんな意図で計画が立てられたり、あまりにも現実離れした目標が選定されたりすると、この〝人間システム〟も、それ自身が消耗してしまうか自滅するまで、標的を求めて世の中をさまようようなことになるだろう。

勝者とは、明確な人生の目標を持った人のことだ。敗者とは、反対に、目標らしい目標を持つことなく一生さまようか、自滅していく人のことだ。

ヴィクトール・フランクルほど「人間は目標を必要としている」ということを明快に説いた人はいない。

第二次世界大戦が勃発したとき、ウィーンで精神科医をしていたフランクルは、戦争の期間、捕虜としてナチス・ドイツの強制収容所に入れられていた。アウシュビッツやダッハウのような死と隣合わせにある収容所で、3年間も恐怖の体験をした結果、彼は「人間は意味を探し求める」（『*Man's Search For Meaning*』。邦題は『夜と霧』［霜山徳爾訳、みすず書房、１９８５年］）という結論に達した。

彼とその仲間たちは、文字通りすべてを奪い取られた。家族、仕事、財産、衣服、健康、人格までもだ。これらすべてをなくした人々を観察しながら、彼は、人間の生きる目的について考えた。ガス室行きや惨殺から何度も寸前のところで逃れてきたフランクルは、捕える身と囚われの身の双方の人間の行動を客観的に研究し、観察した。これを書き著したものが『夜と霧』だ。

人間行動に関する権威者が語るどんな学説よりも、フランクルの説は生々しく、おそらく価値あるものだろう。彼の概念は、死に直面した日常を送り、いわゆる人間的生活を失った人々を客観的な目で観察するなかで生まれたものだ。捕虜生活を通じて、彼はフロイトの誤りに気づき、これを捨てた。

フロイトは、

「人は健康である間は、態度も行動も異なっているが、食べ物を奪われてしまうと動物的な基本本能レベルに戻る。そのため、人間の行動は、より画一的になっていく」

と説いた。しかし、フランクルは、

「強制収容所の中で私の見たものは、まったく逆だった。まったく同じ状態のなかに置かれて、退廃していく者もあれば、一方では聖人のように悟りを開いていく者もあった」
と述べている。

彼は「人間は、自分の存在価値を確信しているときには、どんな飢餓や拷問にも耐えていける」ということを発見した。生きていく目的を持っていない者は、早々と、あっけなく死んでいった。

アウシュビッツを生き抜いた者は、約20人に一人の割合だが、ほとんど例外なく生きることに積極的意義を見出している人たちだった。何かやりたいことがあるとか、愛する者にもう一度会いたいというような目的を持っていた。

死の収容所の中で、フランクルの仲間の一人はこう言った。

「私はもはや人生から期待すべき何ものも持っていないのだ」

フランクルは、仲間の後ろ向きな姿勢を否定し、こう言って励ました。

「人生から何をわれわれはまだ期待できるのかが問題なのではなくて、むしろ人生が何をわれわれから期待しているかが問題なのである」

自分の目標――挑戦すべきターゲットを持つことは、逆境や闘争に真正面から立ち向かう力を与えてくれる特効薬だ。

「生命あるところに希望がある」

「希望あるところに夢がある」

「はっきりとした夢があり、それを何度も繰り返して描くなら、それは目標に変わる」

目標は、つぶさに検討され、勝者にとっての行動計画となり、活動計画となる。勝者は、**目標が自分の人生の中に完全に溶け込んだとき、目標達成はほとんど時間の問題となるこ**とを知っている。

あなたは、どんな目標に人生を賭けているだろうか？

生涯の目標を持つ

ほとんどの人間にとっては、1日を無事に送ることが生活の目標だ。その結果、その日を過ごすのに必要なだけのエネルギーと行動力があればよいとされる。

彼らの生活は、自分自身の目標も持たずに、ただテレビを見ることだけに費やされる。恋愛ドラマ、サスペンス、コメディなど、その晩に送られてくる番組を見ているだけだ。彼らは、夜ごと受け身の状態でテレビの前に座り込み、ぼんやりと画面を見ている。テレビの出演者が金儲けを楽しみ、あなたではなく、彼らが、彼ら自身の目標やキャリアを追い求めている姿を、である。

人間は、自分が最も望んでいる者になるのだから、その望みが何であっても、私たちは無意識のうちにその願望達成の方向に進んでいる。アルコール依存症の者にとっては、もう一杯の酒がそれであり、麻薬常習者にとっては一服の白い粉であり、サーファーにとっては次の波がそれだ。離婚、破産、病気なども、否定的とはいえ、消極的生活態度や習慣が原因となって達成された目標の一つであることに違いはない。

ここに生命保険会社が、退役軍人と退職者を対象にして行なった調査がある。対象となったのは、何十年も働き、望んで引退し、いまは何もしていない人たちだ。

彼らが、退職してからわずか4～7年後には、申し合わせたように人生からも引退していることをご存じだろうか？　何もすることがないと、のんびりした年金生活を楽しむヒマもなくお迎えがきてしまうのだ。

私たちは誰でも、潜在能力と人生の成功者となるチャンスを持っている。輝かしく成功した人生を送るのも、敗北の屈辱にまみれた人生を過ごすのも、それに費やされるエネルギーと努力の量は変わらない。

にもかかわらず、多くの人々はつまらない人生を送っている。目標のない人生、ただ漫然と1日1日を過ごしていくだけの、ただ年をとっていくだけの生活を送り、自分でつくった牢獄に閉じこもったまま、迷い、苛立っている。

人生の敗北者は、一生のうちで一度も自分自身を自由の身にしてくれるような決断をしたことのない人々だ。彼らは、この自由な社会においてさえ、自分の人生をどう生きるか決めかねているのだ。彼らは、世の中で何が起こるかを見るために仕事に出かけていく。勝者となる者が、何かを起こすために世の中に出かけていくのとは大きな違いだ。敗者は、他人が目標を達成するのを見るために、自分の時間とエネルギーを費やしているのだ。

トーマス・カーライルとアール・ナイチンゲールの両氏は、ともに人間を船にたとえている。95パーセントの人が舵のない船に相当する。「いつかは、豊かで繁栄した港に流れ着くだろう」という甘い希望を抱きながら、風と潮の変化のままに、手をこまねいて漂流している。こんな船は、たいていは岩にぶつかったり、座礁したりして、沈没してしまうものだ。

残りの5パーセントの人々は、目的地を決め、そこにいたる最良のコースを検討し、航海術も学んでいる。この船は、一つの港から次の港へと予定通りに進む。また、舵のない人が一生かけて進む以上の距離を2、3年で進み、さらに真っ直ぐ、遠くへと航海を続ける。どの船長も次の寄港地を知っている。この航海の行き着く終着点は、はっきりわからないとしても、そこには何があるのかを知っている。いまどのあたりを走っているのかも知っている。航海の途中で嵐に出合っても、思いがけない災害が降りかかってきたとしても、その日にやるべきことをやってさえいれば、必ず目的地にたどり着けることもわかっている。

人生における勝者は、スタートするときから生涯の目標を持っているものだ。自分はどんな人間になりたいのか？　最後まで守りたいものは何なのか？　自分がいなくなったあとに、どんな伝説を残すことができるだろうか？

勝者は知っている。

目標を明確にする

勝者となる者は、期間を区切った目標設定がいかに大切かをわきまえている。5ヵ年計画、1年計画、6ヵ月キャンペーン、夏期イベントなど、短期で達成すべき目標だ。

しかし、勝者が勝者たる理由は、**「最も重要なのは、1日の中の1分1秒の積み重ねだ」**と心得ていることだ。たいていの人が、多くの時間をムダにしている。緩慢な動作、ムダ話、余計な資料調べ、パーティや会合……わかり切った結論を引き延ばし、小さなことを取り上げて騒ぎ、些細な問題で意地を張るなど、きりがない。

優先順位の低い、そして緊張度の乏しいものに時間をかけ、重要な目標に到達するための活動を後回しにしている。そういう人は、第一にうまく計画を立てられないため、せっかく計画しても実行不能に陥り、結局、失敗してしまうことが多い。

多くの人は、人生の計画を立てるよりも、パーティの計画、新聞記事の切り抜き、あるいはクリスマスカードを送るための住所録作成に夢中になり、余計な時間を費やしている。

勝者となる者は、**1日の目標を前日の夕方か夜に定める**。そのとき、**明日なすべきことの優先順位を決め、最低でも上から6つほど書き出す**。そして、**朝、目覚めたときにそのリストを読んで行動にとりかかる**。

毎日リストを確認し、成し遂げたものは線を引っ張って消し、かわりに新しいものを加える。まだ完了していないものは、引き続き次の日に繰り入れる。

もし予算も決めないで買い物をしたらどうなるだろうか？ ショッピングモールを歩けば、購買意欲をそそるテレビコマーシャルを立て続けに見せられているようなものだ。あなたは、買う予定もなかった、必要もなかった、そして本当は欲しくもなかった品物に押しつぶされることになるだろう。

勝つための目標設定とは、自分と家族にとって現実的で、利益にもなる目標を設定することである。

目標は、明確にすべきだ。人間の精神は、自分で考えないコンピュータのようなものだ。

つまり、あなたが決めたことを実行するだけだから、明確なデータを与えなければ的確に機能しない。

〝幸福〟〝裕福〟〝健康〟などという曖昧で漠然としている一般的な概念では、このコンピュータは作動しない。月収60万円、新車購入、体重5キロのダウン、血圧118といったはっきりした目標には、反応を示す。

では、どうしたら積極的な目標設定ができるか？

その秘訣は、**はっきりと規定された目標を掲げ、それを書き留める**こと。そして、その目標について、**すでに達成してしまったかのように話し合ったり、具体的なイメージを描き、その気持ちになり切って、朝夕に考える**ことだ。

あなたの自己イメージという名の〝ロボット〟は、実際に経験したものと意識的に与えられた経験、つまり、本番とリハーサルとの区別がつかないのだから、たとえどんな目標を立てようとも、すでに生活の一部になってでもいるかのように、あなたは目標に向かって進んでいくだろう。

人というものは、自分で望んでいるような姿になるものだ。

行く先を持たない船には、風も吹かない。目標を持たない人は、舵のない船のようなものだ。

「まったく同じ風が吹いていても、東に進む船もあれば、西に進む船もある。進路を決めるのは風向きではない。帆の張り方なのである」

私たちが人生を航海するとき、この海を渡る風のように時間も流れていく。帆を張るのは自分自身だ。まわりに起こる出来事、世の中の動きに左右されるわけではない。

舵を切った方向に後押ししなさい。仕事を計画したら、その計画を推進する。1日に一度、その日の目標を決める。いま、決める。目標を決めたら固い決意で実行する。そしてその目標を、毎日リハーサルすることで潜在意識に叩き込むのだ。

目標を一つひとつ達成していく自分自身を見つめなさい。残っている人生に、勝ち抜けるような行動計画を立てなさい。そうすれば、いますぐ勝てるだろう。

ムダにできる時間はないのだ。

まとめ　内容がしっかりと頭に入るまで、1ヵ月間繰り返し読むこと

人生の勝者は、明確な行動計画と目標を持ち、常にそれと照らし合わせながら人生を送っている。毎日、毎月、毎年、自分がどこへ向かおうとしているかがわかっている。

彼らの目標は、1日単位のものから生涯にわたるものまで、幅広くある。そして、目標

に向かって実際に行動していないときは、そのことについて真剣に考えている。目標を達成しようとする行為と、緊張を緩和させるための行為の違いを理解している勝者は、前者に全力を傾注する。

勝者は言う。

「そうなるように計画を練り、自分の望みをかなえるために必要なことをする」

敗者は言う。

「その日その日を、どうにか切り抜けられればいいじゃないか。そこにしがみついていればいいんだから」

目標は、人生に活力を与えるエンジンだ。誰もが目標を持っている。ある者にとっては、それは食べることであり、ある者にとってはその日を切り抜けることであり、また、復讐することであったり、借りを返すことであったりする。

勝者にとっては、個人的成長、社会への貢献、創造的な表現、そして分かち合い、愛し合うことが目的であるように見える。これらのことが、勝者を普通の人々と区別する特徴になっているようだ。

目標を明確に掲げ、書き記すことが、目標達成を可能にする。精神は自分で考えないコンピュータでしかないから、正確な指示と命令が必要だ。

ほとんどの人が目標に達することができない理由は、3つある。一つは、目標を明確に掲げないこと。二つ目は、それについて学ばないこと。そして最後に、それが到達可能なものだと真面目に考えていないことだ。つまり、目標を立てないから失敗する。やらないからできない。

それに比べて、勝者たる者は、いま自分がどこへ向かっているのか、どのあたりまできているのか、あとどのくらい時間がかかるのか、なぜ自分はこれを目標としているのか、途中で何をしたらいいのか、そして誰とその行程を分かち合っているのか、すべてのことを即答できるまでに熟知している。

さあ、人生の行動計画を立てなさい。

自らの目標をより明確に定めるために、今日から始める10のこと

①あなたの生涯目標は何か？

主義主張は何か？　あなたの子どもがあなたのことを孫に話すとき、何と言ってもらいたいか？　簡単に書き記してみる。

②近い将来の優先目標は何か？

たとえば、今年からの5ヵ年計画を次の8項目にわたって書き出す。仕事、健康、

家族関係、個人的態度、経済力、社会への貢献度、教養、趣味。

③来年の最優先目標は何か?

②と同じように8項目書く。大晦日または元日に、この1年の目標の進捗状況を点検してから新しい年の年間目標を立てる。

④大きな卓上カレンダーを使い、翌月の日程を組むこと

年間目標を達成するために、次の30日間、何をし、どこへ行き、誰と会うかなどの日程だ。

⑤1週間が一目でわかるポケットタイプのカレンダーを使って、翌週のスケジュールを書き出す

月間目標の補助をする活動内容とすること。それを朝夕、達成できたかチェックする。

⑥週刊誌くらいの大きさの紙に、大きな字で翌日の目標を書き出す

少なくとも10項目の目標を設定し、すべてを書く。それを就寝前と朝起きたときにじっくりと見直す。その日達成したものは消し、やり残したものは翌日に繰り入れる。

⑦金銭面の長期的な計画を立てること

落ち着いて、じっくり考える時間をとる。煩雑でめんどうなことではあるが、これが個人的成長のための基本ともなる。経済状況を考慮しながら、退職時の収入目標を選定する。それを達成し、貯蓄額と資産を運用して必要な収入を確保するためには、どういう貯蓄計画、投資計画を立てればよいかを決定する。損失に対する保険のチェック、緊急時のための貯蓄のチェックも忘れないように。予定外の余分な収入があったからといって、不必要なものを買い込んだりしないこと。自分の自由に使うためのお金も前もって貯蓄計画の中へ組み込んで予算を決定する。

⑧目標ごとに、それに役立つ資料を集める

新しいニュース、本、雑誌の切り抜き、調査レポート、費用の見積り、カラーチップ、サンプルなど。そして、これらをよく検討すること。

⑨あなたが目標とすることを実際に遂げた成功者や専門家の意見を聞いて、目標を再検討する

意見を聞く際に、あなたを利用しようとしている人と、心から援助したいと思っている人をはっきりと区別する目を持つこと。いちばんいい方法は、助言と相談に対してきちんと対価を支払うことだ。それは、品物でもいいし、あなたが提供できるサービスでもいい。

⑩目標達成の最良の方法は、次の基本的ルールを守ること

(1)短期で達成できる目標設定（日、週、月、6ヵ月単位で）

(2)可能だと思うよりやや低目に目標を設定する（比較的、目的達成が簡単）
(3)漸増的に目標を設定する（大きな目標の一部分として、少しずつ目標のレベルを上げる）
(4)グループの支援を得る（同じ目標を持つ支持グループと定期的に相談する）
(5)目標達成を儀式化する（証明書の発行、報奨金、記念旅行、晩餐会、記念行事、服の新調など）

人生で起こるあらゆることは
あなたが自分で引き起こしたこと……
何かのせいにはできない、
あなたのとらえ方しだいなのだ！

8章

活発な自己訓練

●勝者の本質
「成功シミュレーション、訓練、練習」
○敗者の本質
「失敗の反復、矛盾する行為、落胆」

●勝者の独り言
「できる限り努力をしよう」
○敗者の独り言
「負けグセがついているんだ」

【習慣は害のない思考ともいえるが、うつろいやすく、
存在感のない行為でもある。
しかし、訓練を積むことによって、私たちの一生を
左右するほどの強い意志に変えられる。】

自己訓練なしには目標達成できない

勝者となる者は、活発に自己訓練を行なう。自己訓練とは実践である。

自己訓練は、欲しいものを手の届く距離に近づける。自己訓練は、あなたに〝自分に賭ける〟勇気を与える。自己訓練は、口先だけの決心が終わるところから始まる。

この自己訓練が欠ければ、この本に述べられている〝勝つための素質〟はまったく無価値なものとなってしまう。

強い願望は、やる気を奮い立たせることができるかもしれない。月へ行こうと思えば月へ行けるかもしれないし、実際に月に立っている姿を想像することもできる。しかし、根気強い自己訓練をしなければ、発射台にたどり着くことすらできないだろう。

いままで述べてきた成功への道は、いとも簡単なことのように感じられるだろう。自分の潜在意識に従順な〝ロボット〟に、新しい自己イメージを植えつけ、それに向かって進めばいいということなのだから。

しかし、新しい自己イメージを植えつけるには、努力が必要だ。新しい自己イメージを持とうと思い立っても、しばらくの間は、あなたは〝いまのままのあなた〟だ。毎日の行為、毎日のあなたの反応が、いまの自己イメージを確認し、支持しているからだ。自己イメージは、常にあなたのやっていることを、あなたらしいかどうかと考え、〝あなたらしさ〟を維持し、証明しようとしている。これはもう何年も続けられていることだ。あなたの従順な〝ロボット〟は、すでに、ある確立された習慣でいっぱいになった「コントロール室」へと十分に成長しているのである。

雑誌などの広告や他人からの助言などに、とっさに反応してしまうのは習慣の力だ。それは、常にはっきりとした意志にはならず、また、変化しやすい。しかし、熟考を重ね、想像力と感情を融和させることの練習を積むことによって、習慣も確固たる意志に成長させることができる。

自己訓練しだいで、習慣を意志とすることもできるし、また、打破することもできる。自己訓練は、自己イメージの変革に強く影響を与えるものだ。自分を訓練することなしには、目標に到達することなどおぼつかない。

想像の世界に失敗はない

自己訓練は、「できないことをできるようにすること」だと思っている人が多いようだが、〝訓練〟に対する、より的確な定義は**「自分のできる範囲内で努力すること」**だ。

自己訓練とは、精神を鍛えることである。潜在意識のメモリーバンクに入っている現在の情報――思考や感情の記憶に刺激を与えることだ。繰り返し、容赦なく刺激しているうちに〝ロボット〟に新しい情報が入り込み、定着し、やがて新しい自己イメージがつくり出されていく。

新しい自己イメージを必要とするような、外見上の急激な変化が訪れることがある。自分にいまどのような変化が起こったのかを自分自身に納得させるために、自らへの集中した語りかけを行なわなければならない。これも自己訓練である。

マックスウェル・マルツ博士は、形成手術後、新しい顔に慣れるまで3週間かかることを発見している。3週間も経つと、しだいに〝新しい自分〟に違和感を持たなくなる。しかし、古い自己イメージが非常に強く根づいていると、新しい自分を受け容れるのがむずかしい場合もある。たとえば、非常に不器量だった人が魅力的に変身できたとしても、〝魅力的な自分〟を感情的に受け容れられないということが起こる。

マルツ博士は、不格好なかぎ鼻を均整のとれた鼻に変えた患者の例をあげて説明する。マルツ博士は、自分の施した手術の結果に満足しながら、患者に鏡を手渡した。

「新しい、美しい自分をどう思われますか?」

と嬉しそうにたずねた博士に対して、彼女の答えは冷ややかなものだった。

「あまりよくなったとは思えませんけど……。私、いまでも不器量だわ」

こんなとき、現実のイメージを完全に内側から変化させるために、どんな自己訓練をすればよいか考えてみよう。

自己訓練とは、**何度も何度も、言葉、絵や写真、概念、感情をもって自分自身に言い聞かせる**ことだ。いま、少しずつ、一歩ずつ勝利に近づいているのだ、と自分に思い込ませる過程が自己訓練なのだ。

勝者となる者は、与えられた場所のみならず、それ以外のところでも練習に励む。成功する者の訓練の場は、オフィスにとどまらない。彼らは、自分のやりたい役割を、経験したい人生を、それぞれイメージの中に創造し、先取りしている。私の知っている成功者たちは、分野や性別にかかわりなく、想像の中で自分の未来を予測し、精神的な疑似体験を毎日繰り返しているのだ。

フィギュアスケートの世界チャンピオンになったロシア人女性から、こんな話を聞いた。

「毎日、目を閉じたまま、頭の中で各パートを練習しています。だから転ぶことはまずめったにありません。目隠ししたままでも、ためらいなく、失敗せずに完璧な演技ができるでしょう」

私がシカゴ行きの飛行機に乗ったときの話である。隣の席に座った男性は、目を閉じ、鼻息を妙に荒くしている。私は頭上の空気孔を彼のほうにまわし、「気分が悪いようなら、客室乗務員を呼びますが……」とたずねた。ところが、彼は困ったように答えた。

「すみません。私はシカゴ・シンフォニーのオーボエ奏者です。実は、今夜の演奏の練習をしていたのです。ご迷惑でなければ続けたいのですが……」

フランスの偉大なスキーヤー、ジャン＝クロード・キリーは、まず想像の中で滑降の試合に勝っていた。スキーの練習や自信をつけるためには、イメージトレーニングが最高の方法だ。板を平行にそろえ、体重のバランスをとり、膝を正しく曲げ、滑降しながらコブの位置を見て取り、さらさらした雪や風、スピードを本当に肌で感じる。それらすべてを滑降の前に心の中で体験し、爽快な気分でスタート台に立つ。イメージトレーニングは、チャンピオンにとっては勝利への強い味方であり、初心者にとっては怖さを乗り切る最良の方法だ。何はともあれ、自分の想像の中では、絶対に転倒しないのだから。

『リーダーズ・ダイジェスト』に高校のバスケットボール選手を対象にした実験の結果が載っていた。同程度の力を持つ選手を3つのグループに分け、それぞれに課題を与える。第一のグループは、1ヵ月間、まったくフリースローの練習をしてはいけない。第二のグループは、1ヵ月間、体育館で毎日1時間のフリースローの練習をする。第三のグループは、1ヵ月、毎日1時間、自分の頭の中でフリースローの練習をすると決められた。

結果は、1ヵ月間練習をしなかったグループの成功率が、平均39パーセントから37パーセントに落ちた。毎日実際に練習した第二グループは39パーセントから41パーセントに上がった。そして、想像の中だけで練習をした第三のグループの平均は、なんと39パーセントから42・5パーセントに上昇したのだった。

そんなことがありうるのだろうか？　実際に練習した者より、頭の中で練習した者のほうが平均値が高くなるとは、いったいなぜだろう？　その答えは簡単だ。**想像では、けっして失敗しない**、ということである。

次から次へとボールを投じる――「習うより慣れろ」というのは一面の真理だ。しかし、実際に練習をしながら、選手たちはこんな独り言を言っているはずだ。

「全部うまくいけばいいなあ」「次もミスしないですむかな」「いまのはラッキーだった」

ミスをしたときは、こうだろう。

「入れ、バカヤロー！」「またやっちまった」

行為後の独り言は、あなたが抱いている最新の自己イメージと符合し、あなたの目標を、先ほどの行為と大差ないところに閉じ込めておこうとするのである。

テニスのスタープレイヤーは、ラケットがボールに当たる寸前に、どこにボールを落とすかを頭に描くという。

偉大なゴルファーが失敗することは、まずめったにない。だが万一、ミスショットをしてしまったら、彼らはどうするか？　彼らは頭の中で、同じクラブでもう一度ショットを打つそうだ。そして今度は、当然のことながら、ピタリの位置に落とす。

練習、練習、練習――ほかに何か新しいことはないのか？

そう、誰だって練習しているには違いない。あなたが毎日練習しているドライバーの失敗ぶりをみなさい。まるで誘導装置のついてないミサイルのようなものだ。私たちは、うまくなるための練習より悪いクセをつけるための練習に割く時間のほうが多いのだ。一つうまくやるために、たくさんの失敗を重ねている。失敗の練習をし、失敗グセをつけているようなものである。

自分に暗示をかける

私たちは、それがどんな分野であっても、落ちぶれた敗者になるのは容易だ。ひとつ警告しておこう。**敗北は、習慣によって形成される。**しかも、敗北を習慣にしてしまうと、精神的、肉体的健康までもむしばまれる、ということを。

勝者は、勝つシミュレーションをしている。彼らは、まるで自分の挑戦が人類初のものであり、絶対に失敗はできないほど世間の注目を集めているかのように、勝つ練習をする。

宇宙飛行士は、勝つための自己訓練に成功した生きた見本だ。アポロ宇宙船のクルーは、出発前から「まもなく月に到着しまーす」と、ごっこ遊びをしている。

それまでに、月面着陸を実現させた者は誰もいなかったのだ。誰が本気で成功を信じていただろうか？　ジュール・ベルヌ、レイ・ブラッドベリ、そしてアイザック・アシモフ以外の誰が、この成功が現実になることを想像しただろうか？

宇宙飛行士は、〝つ、も、り、になる〟達人だ。海に浮かべたゴムのイカダの上で上下にはねたり、跳んだり、宇宙空間にいるつもりになって無重力に対応する練習をする。月面着陸に成功したかのように、砂漠で模擬月着陸船を使って練習する、というわけだ。

NASAの科学者たちが、こうすれば無事に着陸し、そして帰ってこられると想定してつくった何百という非常に重要な連続動作がある。宇宙飛行士たちは、来る日も来る日も、何ヵ月も何ヵ月もそれを繰り返し記憶し、シミュレーションするのだ。

その訓練ののち、ニール・アームストロングは月への大いなる第一歩を記す。彼は、その第一印象をヒューストンの管制室に送ってきた。

「美しかった。そして、まるで訓練のときのようだった」

のちの月面探査で、アポロの船長ピート・コンラッドはこう言っている。

「まるで古巣に帰ってきたようだ。もう何度もここに来ているような気がする。結局、私たちは、この瞬間を過去4年間にわたって、ずっとリハーサルし続けてきたとも言える」

「本当にそれだけのことか？」と、あなたは疑うかもしれない。たしかに、この宇宙計画は、何十億ドルという国の資金と天才的頭脳がバックアップしていたことも忘れるわけにはいかないだろう。

では、誰の助けも借りず、資金援助もなしに徹底的な自己訓練をしたという人もいるのだろうか？

ブルガリアに生まれた精神医学の第一人者、ゲオルギー・ロザノフ博士による脳に関する発見がある。人間の脳は、大量のデータを保存し、ほとんど完璧に近い状態で再現できるほどの驚くべき能力を持つという事実だ。これは、この分野における最も画期的な発見だった。

ロザノフ博士は、暗示強化学習法を開発した。やがてこれは、1980年代に世界的に広まった「暗示学」とか、「暗示学習法」などの基礎となった。

ブルガリアで始まり、国連にも認められたこの学習法は、弛緩法、暗示心理学、心理劇、反復傾聴などの技術と結合して、心と脳をより広範囲に活用できる革新的なものだった。

ロザノフ博士は自らの理論を外国語の学習に適用し、その効果を試した。この実験の結果、小学校1年生がたった1日で1000単語以上の外国語をマスターできることがわかった。そのうえ、高校3年生が学んでいる複雑な代数方程式を1年生に教えられることがわかり、世界中の教育者を驚愕させた。この実験の被験者となったのは、ごく普通の知能を持つ6歳の児童だ。自己暗示の力は、これほどに大きいといえよう。

勝利をイメージして生活する

歴史書やドキュメントの中には、人生の勝者たちがたくさん登場する。彼らは、強い決意と並外れた根性でいろいろな障害を乗り越え、成功を勝ち取ってきた者たちだ。勝者とは、助けになるものが何もなくても、自分の力の及ぶ範囲内のことは最大限努力し、成し遂げる者たちのことだ。

彼らの伝記を読んでわかる共通点は、たゆまない自己訓練を積んでいることだ。

これよりもう少し新しいところでは、ベトナムから帰国した捕虜の例がある。彼らの己に打ち勝つための訓練の模様は、聞くものに確かな感動を与える。

捕虜たちは、自由を剥奪され、やるべきことの何もない年月を、短い者で3年間、長い者で7年間も送った。この期間の彼らの習慣や日課について聞いたり読んだりした者があるだろうか。

将来の展望のない、明日を予測できないようなところに閉じ込められたら、あなたは何をするだろう？　寝てしまうか、読書をするか、気が滅入って何もする気になれないか。あるいは自分を哀れみ、捕虜にならなかった仲間をうらやむだろうか？　それとも、捕虜収容所を自己改善の場と心得、それに向けて努力するだろうか？　ベトナムの捕虜たちのほとんどは、収容所を自己改善の場とした。

捕虜たちの数人は、棒きれとひもでギターをつくった。お手製の楽器は音一つ出ない粗末なものだったが、弾き方を知っている者は音を想像しながら練習した。記憶をたどって演奏した。新しいコードや指の位置、好きな歌を互いに教え合った。7年は長い。まったくギターにさわったことのない者も、ついにはいっぱしのギタリストになった。

ハノイ・ヒルトンに収容されていた捕虜たちはピアニストになった。彼らは、平らな板に現寸の鍵盤を鉛筆で書いた。手づくりのスタインウェイは、音もなく、鍵盤を動かすことさえできなかったが、捕虜たちは、来る日も来る日も練習し、好きな曲を弾いて楽しんだ。

収容所では、各種の身体運動が盛んだった。何もかもやり尽くして、何もすることがないときには、何時間正座していられるかを競った。

アメリカ人捕虜たちの中には、外国語を知っている者たちも多かった。彼らは互いにそれを教え合ったので、帰還者たちには、3ヵ国語を流暢に話せる者もかなりいた。

ハノイ・ヒルトンには聖書もなかった。捕虜仲間は聖書を再編した。日曜日の礼拝のために、何百という重要な句を寄せ集めて思い出したのだ。

捕虜たちは、自分が身につけている技術を教え合った。また、子どもの頃の体験や価値観を共通の話題として、何度も何度も話し合った。独房にいる間、頭の中だけに完全な日記をつけたり、何百という金儲けのアイデアを考え出したりした。いろいろな話題の中で最も重要だったのは、偉大なアメリカの礎となった理想を思い出し、分かち合ったことだ。そうしたことによって、彼らは物事を客観的に、大局的に見ることができるようになった。これは捕虜になった成果の一つとして残った。

自己訓練とは、何なのだろうか？　勝者となる者は、勝者の地位を獲得する以前から、勝者としての立場を全《まっと》うできるように練習し、仕事をする。成功を勝ち取るための最大の道具は、〝想像力〟だということを知っている者こそ、成功することができる。それは戦争捕虜の世界でもある。

勝者は、けっして引き下がらない。勝者はけっしてあきらめない。

勝者となるものは、たとえ挫折したとしても自分で立ち上がり、失敗の原因を探り出し、それを排除したうえで、再びはじめからやり直すのだ。もちろん同じ間違いを繰り返すことなく前進することを考える。

まず、**自分自身に勝つための規律を持つ**べきだ。自分にはとうていできないと思うことでも、自分にできる範囲内で最大限の力を尽くすこと。自分にできる範囲で、それは可能だとイメージすることだ。この想像力を使う練習をする。寝る前に練習する。目が覚めたらすぐに練習する。シャワーを浴びながら、自動車を運転しながら……いつでもどこでも練習することだ。

勝つことをあなたの習慣にしなさい。

ムダにできる時間はないのだ。

まとめ　内容がしっかりと頭に入るまで、1ヵ月間繰り返し読むこと

活発な自己訓練とは、自分の力の範囲内――つまり想像力を駆使する練習のことだ。その気になり切ってしまうことができる人間が勝者となりうる。

宇宙飛行士、チャンピオンプレイヤー、偉大な俳優、腕のいい外科医、やり手といわれる会社幹部や営業マンたちは、みんなその気になり切る大家だ。勝者となる者は、彼らと

同様、欠点のないテクニックが頭の中に定着するまで、何度も繰り返して完璧なイメージを反芻する。勝者は、思考が習慣を生むことを知っている。だから、習慣をつくるために、漠然とただ考えるだけではなく、思考を自分の頭の中に定着させるよう訓練するのだ。これが、人生の成功者となる秘訣といえる。

あなたは、漠然と何かを望んでいるかもしれない。自分をコントロールしていると思っているかもしれない。月に行けるのではないかと期待しているかもしれない。しかし、持続する自己訓練なくしては、スタートラインに立つことさえできないだろう。大多数の人々は、技術や習慣を身につける簡単な手順を忘れ、願望を持ち、情報を得て、理解するところまでにとどまっている。

私たちは、歩くことも、クルマの運転も、飛行機の操縦も、外国語も、スキーも、すべて学んで身につけてきた。学び、身につけることを最も重要な人生の目標のために応用するのが、そんなにむずかしいことだろうか？　物事は何でも、繰り返すことによって習慣になるのだ。

習慣をつくることも、また破ることも、自己訓練によってのみ可能となる。自己訓練のみが、自己イメージと自分自身の永続的変化に影響を与えることができる。自己訓練は、勝利という目標に到達するための第一歩だ。

自己訓練は、知的作業だ。それは、潜在意識のメモリーバンクに保存されている現在の自分に関する情報とは異なる思想と感情を、新たに自分に記憶させるための訓練なのだ。そして、有無を言わさぬ訓練の繰り返しによって、新しい情報が自分の〝ロボット〟に入り込んでいく。その結果、やがて新しい自己イメージがつくり出されていくわけだ。

勝者の独り言はこうだ。

「もちろん、できる。それを心の中で1000回も繰り返し練習したんだから」

敗者はつぶやく。

「そんなこと、私にできっこない。どうやったらいいのかさえ、わからない」

自己訓練をより活発にするために、今日から始める10のこと

①これから1ヵ月間に、たとえば、次のところへアポイントメントを取って訪ねて行くこと

航空会社のパイロット訓練シミュレーター、コンピュータ・シミュレーションゲームや大学にある訓練施設など、いますぐシミュレーション技術を実体験することだ。

②視覚化とシミュレーション技術に関する音声教材を聴くこと

気分をリラックスさせる方法を身につけ、もっと感受性豊かな独り言を繰り返す。

ICレコーダーに自分の声で自分の目標を録音する。インスピレーションを与えるような音楽を聴きながら、その録音した音声を同時に流す。

③やらなければいけないにもかかわらず、やりたくなくて先延ばしにしている仕事を5つ書き出すこと

項目ごとに期限を決める。それから、それぞれの仕事に取りかかり、期限までに完了させる。いやな仕事に対しては、すぐ行動を起こすことによってストレスと緊張を減らすべきだ。

④目標を想定し、具体的に考えるとき、すでに、まるで実現したかのように、達成の様子を正確に映像として思い浮かべること

たとえば、男性なら体重77キロ、女性なら52キロを目標にするとしたら、その体重の自分がテニスウェアや水着を着て、健康的に美しく躍動している姿をしっかりと見るのだ。

⑤頭の中で重要な目標達成のイメージ再現を何度も繰り返すことを、日常の訓練とする

アメリカンフットボールをテレビで見ていると、得点場面は即座にビデオで再現される。それと同じことを、自分の頭の中で行なうのだ。

⑥契約を成立させたとき、大勢の人の前で話をしたとき、従業員に訓辞したとき、スポーツ競技に参加したとき、愛する人とデートしたとき、いずれのときでも、人生の重要な出来事のあとには、必ず自己イメージを高めるような独り言を言うようにする

独り言は、勝つために必要な最高の自己イメージを持つように工夫し、コントロールする。うまくできた場合は、「これは、本当に自分らしい」と言う。出来映えの悪いときは、「私らしくないな。私ならあれよりうまくできて当然だ」と、とっさに言う。そして、頭の中で、失敗した行為を、今度は正しく再演する。

⑦目標を正しく頭の中に描き出すためにいちばん適している時間は、自由でリラックスしているときだ

目覚めたばかりの朝の数分、風呂の中、シャワーを浴びているときなどがそうだと言える。心の中にあまり雑念が入ってこない通勤時なども適している。一人になれるなら、昼休みもいいだろう。朝、昼、晩に散歩するのもいい。そして、最適といえる時間は、夜、ゆったりと椅子に腰かけているときや、ベッドの中でウトウトしているときだ。

⑧自分の目標達成についての予行演習は、容赦なく、根気強くやり続けること

負けることも勝つことも、どちらも学んだ習慣なのだ。だから、ずっと以前から取り続けてきた態度やライフスタイルを乗り越え、変化させるには、何週間も何ヵ月もかけて、一貫した練習をする必要がある。

⑨生活の中にスポーツを取り入れること

これは、リラックスし、ストレスを解消するように身体を訓練するのに役立つ。テニス、ゴルフなどのボールを叩くことは、ストレスを肉体的に発散できる運動だ。サンドバッグを叩くのもいい。これらのことは、心の中にたまっているストレスを解消するのにも役立つ。

⑩少なくとも週3回は、ジョギングをするか、長い距離を歩くこと

これは、心肺機能を強くする訓練となる。最適距離は週に20~30キロ程度だ。また、食生活に注意を払い、栄養のバランスのとれた食事をすること。

その日その日に勝つには
目標を持ち、いつも
世界選手権で勝利を得るために
戦っているように日々を送ること。
あなたのすべてのエネルギーを
あなたの目標へ
あなたの理想像へ向かって
注いでいくのだ。

9章

豊かな
人生観を描く

●勝者の本質

「全人的な人格、ビジョンがある、ヒューマニスト」

○敗者の本質

「流されやすい、自己中心的、浅はか」

●勝者の独り言

「人間は自然がつくり出した生命の泉だ。あなたも自然の一部であり、私もそうだ。私は自然の一部としてのあなたを敬愛し、私自身をも敬愛する」

○敗者の独り言

「他人にやられる前に、こちらがやってやるさ」

【もし私があなたの成功を手助けできるなら、それは私の成功でもある。もし自然が勝者となるなら、誰でもみんな勝者になれる。】

勝利は一人のものではない

人生というゲームに勝利する者は、豊かな人生観を持っている。彼らは、個人の枠を超えて、人生の意味を探し求めている。

勝者とは、全人的な人格の持ち主だ。人間の備えるべき特質をすべて併せもった人物は、何とまれな存在だろうか。

豊かな人生観を持つことで、自己を超越した全宇宙的な勝利感がもたらされる。**勝者の持つ優れた素質は、人々から愛され、尊敬されること**だ。勝者の人生観は、倒れた敵の前に勝ち誇って立つことではけっしてない。

勝利を導く人生観とは、成功にたどり着こうとしている人、あるいは、ともに歩んでいこうとしている人、また、何かにすがりつこうとしている人に力強い手を差し伸べることにある。勝者は、すべての人類が飢えることのないときがくるまで、地球上に恒久的な平和は訪れないと考えている。

勝者は、他人から搾取しない。ほかの人々と、ともに幸福でありたいと願う。誰とでも利益を共有したり、その人の人生に深く関わっている人々の幸福は願う。しかし、その人ばかりではなく、その隣人、そのまた隣人の幸福を願ったらどうだろう。勝者は、そうしてこそはじめて、人類にとっての真の不滅がありうると考える。

豊かな人生観の源は、ごく親しい人々、つまり家族である。あなたの家族は、ともに勝利を目指すチームだろうか？　それとも、一刻も早く子どもが出て行ってくれることを願うような集団だろうか？

あなたにとって、配偶者や親戚や友人は、大切なものになっているだろうか？　それとも、休日や何かの記念日、冠婚葬祭以外には音信不通といったつき合いだろうか？

勝者は、気の合う仲間、昔からの友人、そして自分の住む地域の人々などとたびたび一緒に行動する。仕事に情熱を持ってはいるが、仕事と結婚しているわけではない。勝者は、きちんと選挙に参加し、自分の住む市町村、都道府県、国の行政のあり方や施政方針にも強い関心を払っている。また、自国のみならず、世界中の国々の出来事にも関心を持っている。

あなたは、金銭に不自由しない経済的成功者にはなっても、それと引き換えに子どもと一緒に過ごす時間を失ってはいはしないだろうか？　敗者は、愛情と信用をお金で買おうとする。しかし、この目論見は、まず成功したためしがない。

あなたは、家族が豊かに暮らせることを願ってお金を稼ごうとしているのだろう。しかし、そのことだけに一所懸命になるがあまり、家族と一緒に過ごすべき時間を失ってはいないだろうか？　仕事や社会的活動においては、勝利への賛同者をたくさん持っていたとしても、家族の絆や家庭的な安らぎをないがしろにしている人は多い。外づらがよく、男っぽくて頼りになるといわれている人が、内面は薄っぺらで自己中心的な人物であると感じることもあるだろう。

あなたは、大丈夫だろうか？

人生で手に入れたいもののすべてを、仕事なら仕事という一点に絞って、そこにだけプレッシャーがかかっているのがあなたの世界だとしたら、そんな世界は、針のひと刺しでたちまち崩壊してしまうだろう。仕事や家庭、趣味の仲間、スポーツ……それぞれに得るものが違う。いろいろな世界に手を伸ばすことが、あなたの人生に広がりを持たせることになるのだ。

人生の敗者は、「他人から攻撃される前に自分が奴らをやっつける」という信念を持っている。つまり、勝つのは自分で、負けるのはお前だという態度だ。

勝者は、オレもオマエも勝つのだという姿勢をとる。つまり、「私があなたの勝利に力を貸すことになれば、それは私が勝つことにもなる。二人とも勝つのだ」というわけだ。

1日1日を大切に過ごす

勝者は、母なる自然をばかにしてはいけないことを心得ている。自然は、無害であり、豊潤だ。しかし寛大ではない。

私たちは、自然の資源を利用してきた。そしていま、自然は人間の行なってきた暴食と略奪を鏡のように正確に映し出している。枯渇する資源、汚れた空気、汚染された水、有害食物、テクノロジーの進歩の副産物として現われてきた有毒物質などがそれだ。

「いますぐ満足したい」。そういう近視眼的な野心を満たすために私たちは自然を変えてきた。その結果、変化させればさせるほど、私たち人間は、人類の存続そのものを危険にさらすことになった。

豊かな人生観を持つということは、生命体の傷つきやすさや脆さ、生態系の微妙なバランスについて理解することだ。勝者は、何千年にもわたって我がもの顔に地球を占領してきた人類が、いま、破滅へ向かって歩み出していることを忘れない。

ニューヨークも、ロサンゼルスも、東京も、大都市はもっと自然環境の大切さを考えなければいけない時期にきている。少なくとも、地球から搾り取った分だけは、地球に返さなくてはいけない。さもなければ、大都市は恐竜やマンモスと同じように、自己の巨大さゆえに滅びていく運命をたどることになるだろう。

豊かな人生観は、私たちの生命体のすべての細胞に織り込まれた精神力をもとに描かれている。そして、それらは、ちょうどうまく組み合わされて生命を維持しているのだ。

勝者は、星占いや予言者の言うこと、他人の独りよがりな助言に左右されず、整形手術に頼ろうとも思わず、1日1日を貴重な、黄金の日として過ごしている。それはあたかも、その日が地球最後の日でもあるかのように、あるいは将来を決定する日であるかのように、また過去の総決算の日でもあるかのように思える。

鏡の前に立つとき、あなたはそこにどんな人間を見出すだろうか？　あなたが見たいと思う人間の姿を認めるだろうか？　両親が、先生が、総理大臣が、上司が、夫が、あるいは妻が、友人たちが、あなたに望んでいる人間が映っているだろうか？

鏡の中に、あなた自身が、自分に望んでいる姿を発見することを期待したい。

少女たちは、女性たちはいま、ある勝利を手に入れたことに満足しようとしながら、鏡に向かってこう語りかけているのかもしれない。

鏡よ、壁の中から私を見つめる鏡よ
いま、あなたの映している人は幸せですか？

愛される妻
もっと素晴らしい人生が、ほかにありますか？

愛する子どもたち
もう、大人になってしまった子どもたち
遠ざかっていく子どもたち
料理をするより、床を磨くより
もっと大切なことがあるかもしれない……
そんな思いは、途方もない夢なのでしょうか？

もっと素晴らしい人生に憧れる。
これは間違いですか？
それとも実現できるものかしら。
私を取り巻く人たちは
皆は、何と言ってますか？
学校の先生は、どう教えているのでしょうか？

鏡よ、壁の中から私を見つめる鏡よ
私を助けて。
私の声を彼に伝えてほしい。
私の望みは一つだけ
それは自由
それは私自身になること。

男たちは、何を考えているのだろう？　男たちの人生観は、たとえばこんなふうに。

もっと素晴らしい人生がほかにあるのだろうか？
妻を守るより
子どもたちに富を残すよりも
働きに出て給料を稼ぐ
テレビを見て眠りにつく
朝が訪れ、また日は暮れていく

冬が来ていることに気づかないうちに。

ケンカをするわけでもなく
スポーツに興じるわけでもない。
かといって殉教者を気取るわけでもない。
時間、何でも時間単位だ。
速く走るためには金がかかる。
そして、毎日がうなりをあげて飛び去る。

負け犬の暮らしは模範的。
「いつかは僕も」という果てしない世界で
何かを失うたびに、不運を嘆き
仮病と薬と酒で気分をまぎらす。

負けることは習慣だ。
勝つことだって同じこと。

変化とは始めることなんだ。
その日その日を
明日死んでもいいと思って生きること。
将来のためにでもなく
ましてや過去に縛られることもなく。

いま、望め
いま、夢を抱け
そして、いま、計画し
いま、やるんだ。
目を閉じれば、はっきりと見えるはず。
自分のなりたい理想の姿が。

水晶球よ、何でも見通す水晶球よ
聞かせてくれ、僕の心の声を。
僕にはできるはずだ

僕にはできるに違いない
僕は自分の最高のコーチだ
そして、僕は最高の選手だ。

僕は自分を愛している。
そして、いま
すべての愛で、できる限りの愛で
他人をも愛している。
僕にはできるはずだ
僕にはできるに違いない
最も非凡な人間になることが。

時間の価値を認識せよ

豊かな人生観を持つことは、宇宙をつかさどる神の意志と調和することだ。生命と天地の創造主の分別と知恵をないがしろにする人間を認めることは、神の完全性と美を無視することになる。それは、人間のイメージで自然をつくり変えようとする人類のいたらなさを容認することでもある。

勝者は、自分も、100万年以上も地球上に存在してきた人類の一部であると感じている。また、天体望遠鏡やアポロ、スペースシャトル宇宙計画を超えたところにある無限の外界に、生命の異なった形態、もっと進化している生命があるかもしれないという考えもありうることとして受け容れている。

時間は、そのときが過ぎれば、永遠に人生から去ってしまう。その時間の価値を十分に知っているのが、豊かな人生観を持っている勝者だ。勝者は、私が〝第四の自然との接近遭遇〟と呼ぶ概念を理解しているようだ。この〝第四の自然との接近遭遇〟は、UFOともスターウォーズの世界とも、宇宙旅行とも関係ない。それは、四次元の時間のことだ。時間は、私たち生命体の永遠の支配者なのだ。

子どもの頃は、時間が止まっているかのように感じられた。クリスマスや夏休みが来るのが、とても遅く感じられた。小学生の頃の1日は、いまの1週間ぐらいに相当した。高校の最終学年は、亀の歩みのように遅く、永遠に卒業できないかのように思われた。そして大人への門出、21歳の誕生日の頃、浜辺で過ごす土曜日は永遠に続くように思われた。

あるとき、人は、**人生には定休日もなく、代用するものもなく、やり直しもきかないと**

いう衝撃的事実に直面する。時計は休むことなく動き続ける、ということを身をもって知る。この衝撃的体験が、〝第四の自然との接近遭遇〟だ。その遭遇は、ハイウェイでのニアミスであるかもしれないし、友人や恋人を失うこと、戦争体験、長引く病気、病院の集中治療室で重病人と出会うことであるかもしれない。また、高校の同窓会のように漠然としたものかもしれないし、屋根裏で自分や家族の古い写真を見つけること、昔の友人に出会ったり、一緒に風呂に入った子どもの無邪気な目であるかもしれない。

勝者となる者は、自分の身近な出来事から学ぶことのできる者だ。学びの中から、時間の価値を知り、時の流れに対する畏敬の念を育てていく。反対に敗者は、時間の過ぎていくのを恐れ、時間を追いかけ、浪費する。また、時間の変化から逃れるためにうわべだけの化粧をし、その厚化粧の下に隠れようとする。

地球の不滅を私なりの考えで書きつづった詩を紹介しよう。

人生にこれ以上のものはない。

　赤ん坊の笑顔

　愛し合う者たちのキス

　本

歌
花
友人
そして
自分のために費やす
ほんの少しの時間

勝者となる者は、肉体は滅びる運命にあることを理解している。その結果、美しく年をとっていくことができるのだ。勝者は、〝自分の庭〟を、ただひと時の儲け主義の農園主のようにではなく、繊細な園芸家のように手入れをする。死を人生というゲームの最後の瞬間としてやむなく受け容れるのではなく、次の段階への移行としてとらえるのが勝者だ。生きている間に、死の意味を本当に理解することはできないかもしれないが、勝者は死をも恐れない。

勝者は、眺める時間をつくる――毎日、バラのつぼみが開くのを。
勝者は、聞く時間をつくる――来年の春は、鳥の声が聞かれなくなるかもしれないと思うから。

勝者は、子どものために時間をつくる――子どもたちは、もうすぐ弓につがえた矢のように、あなたのもとから飛び出してしまうから。

勝者は、子どもと一緒に遊ぶ時間をつくる――子どもが大きくなったときには、自分が年をとっていることを知っているから。

勝者は、老人のために時間をつくる――年寄りは、かわいい子どもが遊びに来るのを楽しみに生きているのを知っているから。

勝者は、家族のために時間をつくる――家族は、いちばん大切な、身近な存在だと思うから。

勝者は、自然のために時間をつくる――自然は、クレジットカードで買えるものではないから。

勝者は、動物のためにも時間をつくる――地球は動物たちのものでもあるから。

勝者は、読書の時間をつくる――いい本は知識を授けてくれる。また、自分で行けないところへも連れていってくれるから。

勝者は、働く時間をつくる――山に登らなければ、眺望は楽しめないから。

勝者は、健康づくりのために時間をつくる――健康とは、病気になるまでその存在に気づかず、失ってはじめてありがたみがわかるものだと知っているから。

勝者は、年をとっても過去に生きようとはしない。間違いは繰り返さず、幸福だった思い出を反芻しながら、過去から学ぼうとする。

勝者は、安全を考え、想像を超える遠い未来にばかり目を向けるようなことはしない。限られた、予測可能な将来に目標を定める。そうすることによって、日常の活動に豊かさと目標を与えることができる。

勝者は、〝いま〟を生きる。いま、現在は、自分でコントロールできる唯一の瞬間だ。〝いま〟がある。そして、その〝いま〟もまたたくうちに過ぎ去り、いつしか自分の歴史をつくっていく。

勝者が、すべてのことを〝いま〟やってしまおうと思うわけではない。いつ死んでもいいと開き直って、狂ったような快楽主義をとり、クレジットカードを乱用してまで欲しいものをすべて買おうとするようなことはない。

私は、世界中の新聞の「遺失物」欄にこんな広告を載せたい。

「遺失物――1日24時間は、24カラットの黄金の日、1時間は60のダイヤモンドがちりばめられ、1分間には60のルビーがちりばめられている――この素晴らしい黄金の日を、私はいま失った」

人生とは、一等賞になるレースではない。最終的に最高になればいいのだ。成功の心理学が言う豊かな人生観とは、**1分1秒をこれが最後の瞬間だと思って生きること、常に永遠を見通すこと**、そして、**あなたが出会う時間と生命を大切にすることだ**。

私たち一人ひとりの時計は、誰の時計も公平に休みなく時を刻んでいる。人生にケンカや練習に費やす時間はない。毎日が公式戦なのだ。

勝利を得るには、まだ時間がかかる。

しかし、ムダにできる時間はないのだ。

まとめ 内容がしっかりと頭に入るまで、1ヵ月間繰り返し読むこと

勝者は、自分自身も、世の中という〝巨大な絵〟の一部であることを知っている。それこそが人生そのものだ。勝者となる者は、巨大な絵の中に遠近画法を取り入れて、自分の総合的な人物像を見る。勝者は、あらゆる角度から、自分自身を非常に詳しく知る術を身につけているのだ。また、勝者となる者は、他人の目を通して客観的に自分自身を見ることができる。彼らは、自然や宇宙と一体感を持つこともできる。

勝者とは、時間の価値を知る人間でもある。それは過去から学ぶことであり、将来の設計を立てることでもあり、また、〝いま〟を精一杯に生きることでもある。

勝者は、ほかの人々から搾取することなく、皆で勝者になろうという姿勢をとる。恋人、家族、友人、自分の住む地域の人々となるべく会話を重ね、ともに勝者への道を歩もうと努力する。つまり、「私があなたの勝利のために手助けできるとしたら、それは私も勝つことだ」というわけだ。

豊かな人生観を持つことは、生命体の傷つきやすい脆さや生態系の微妙なバランスを理解することだ。人生は、私たちの生命のすべての細胞に巧みに織り込まれた精神力をもとに描かれる。その生命の神秘的な力を組み込んではじめて、豊かな人生観を持ちうるともいえるだろう。

勝者は、肉体は滅びる運命にあることをはっきりと知っている。だからこそ、美しく年をとっていけるのだ。勝者は、死を人生というゲームの最後の瞬間としてやむなく受け容れるのではなく、次の段階への移行と受け取る。死ぬことの意味を本当に理解することはできないかもしれないが、彼らは死を恐れない。そして、いずれ死がやってくるとき、それから逃れようとむなしい抵抗をすることもない。

勝者は、木陰をつくる木を植える。しかしそれは、自分のためにではない。

勝者は言う。

「私は、いまという瞬間を生きている。できる限り楽しみ、皆と一緒に過ごし、何かをやり、人々に私の幸福を分け与えたいと願う」

敗者はつぶやく。

「今日1日、どうやって過ごしていいかわからない」

豊かな人生観を描くために、今日から始める10のこと

①自分自身に尋ねてみること

どうすれば、家族のなかに、会社に、仕事に、地域社会に、国家に、そして世界にうまく融け込んでいけるだろうか、と。

②人々と兄弟姉妹のように接すること。動物を人間のように扱うこと。自然をもっと優しく扱うこと

いま、自然は私たちの生存との均衡をやっとのことで保っている状態なのだ。

③配偶者や恋人に今日中に連絡し、「愛している」という意思表示をし、相手の存在価値を認めること

花でも、詩でも、カードでもいい。プレゼントを差し出そう。そういうものは、い

つでも新鮮な感動を与える。

④今晩、子どもたちに「おやすみ」を言うとき、ひと言つけ加えること

「お前たちは、お父さんとお母さんにとって、特別な子どもだ。いまのお前たちを愛しているよ」と。そして明日、子どもたちの遊び友達になったように彼らの話を聞き、一緒に遊んでやる。

⑤両親や親類に、電話でもいいから、「あなたは、どんなに自分にとって大切な人か」ということを、今日、伝えること

⑥毎週、老人の話を聞いてあげたり、勇気づけたりする時間を持つこと

⑦直接には何の見返りも義務もないことに、あるいは人に、寄付すること

⑧今度の土曜日に、何年もやりたくてできなかったことをやること。そして、こういう土曜日を月1回ずつつくること

⑨ひと晩5、6時間の睡眠で足りるように実験してみること

その間は、もちろん十分な栄養と運動で身体を大切にしておく。これができれば、一生の間に、生産性のある時間が12年間も増えることになる。

⑩もう一つか二つ、外国語を学ぶこと

そして、いつか行こうと計画を立て、その国の習慣や社会的風習を研究する。旅行をするときは、できるだけその国の言葉で話をする。これが新たなる広がりとなり、あなたも、またあなたと出会った人も何かを得られるだろう。

〈成功方程式〉

思いつく　＋信じる　＝到達する

具象化する＋自分のものにする＝認識する

想像する　＋具体的になぞる＝現実化

10章

印象的な自己表現

●勝者の本質

「話しやすい、頼りになる、印象的」

○敗者の本質

「打ち解けない、薄情、自堕落」

●勝者の独り言

「あなたがどう考えているのか、私はもっと知りたい」

○敗者の独り言

「事実を突きつけられると迷ってしまう。もう決めたんだから、これでいいよ」

【どういうふうに歩き、話し、聞き、そして見るかが、あなた自身をつくる!】

第一印象の大切さを知る

人生の勝者は、力強い自己表現の生きたお手本だ。**勝者とは、部屋に入って行ったとき、いちばんはじめに目につく人のこと**だ。

成功者は、独特の雰囲気を漂わせている。それは、歴然たる影響力であり、カリスマ性である。その力で、人を安心させ、怒りを収め、磁石のように人を引きつける。そこに感じられる温かい輝きは、彼らの内面からにじみ出てくるものであり、勝者は、その輝きを人々に投げかける。

勝者は、無理せずごく自然に振る舞っている姿に親しみがある。これは忘れてはならないことだ。微笑みは世界中に通用する言語だ。微笑みは警戒心を解き、また、どんな多くの言葉を費やすよりも多くのことを語る。微笑みは、心の窓を照らす灯だ。その灯は、そこに他人のことを気づかい、喜びを分かち合う心を持った人がいることを多くの人に感じさせる。

第一印象というのは、強烈で、いつまでも人の心に残る。そのことを、勝者ははっきりと認識している。はじめて交わした4分程度の会話で、その後のお互いの交友関係がうまくいくかどうかが決まる、ということを理解している。人は、ほとんど瞬間的に腹の底まで見透かすことができるし、相手の考えていることに反応することができる。勝者となる者は、いいか悪いかは別として、経験的にそれを知っている。

どんな外交交渉でも、セールスでも、その他重要な取引などでも、面談や折衝に入るや否やくらいの段階で、結論は出てしまうものだ。

勝者は、すべての人が自前の〝ラジオ局〟を持っていることを知っている。そのラジオ局から出る周波数は、局ごとに違っており、本人でなければ同調させることができない。人は皆、そのラジオ局から暗号文で自分を発信し、また、他人から送られてくる暗号電波を受信し解読する。したがって、他人とコミュニケーションをとるなかで期待できることは、たかだか大雑把な相互理解という月並みなレベルにとどまる。勝者は、このことを見抜いている。

勝者が力強い自己表現をするときにたどる、基本的で一貫したパターンがいくつかある。

第一に、勝者はいつも最高のものに目を向けている。絶えることなく時は刻まれ、飛び去っていく。そのことを知っている彼らにしてみれば、ベストを尽くさざるを得ないのだ。ムダにできる時間はないのだから。

自分のよさを最大限に表現する

人間には、心の中で感じていることが表面に現われるということがある。身体の具合が悪いときには、どんなにカラ元気を出してみても、皮膚の色ツヤが正直に不調を訴え、とても元気には見えない。同様に、感情的、精神的に低調なときは、どうしても顔つきや身だしなみ、服装に現われ、他人にいい印象を与えないようだ。勝者となる者はこの事実に気づき、自分自身に留意している。

〝いい印象を持たれること〟と、人生で成功を収めることの間には、明らかな相互関係がある。自分でそう思い込んだのか、あるいは仲間からそう言われて信じてしまったのか、白分自身を魅力に欠けた人間だと思っている人々がいる。彼らは、たいていの場合、孤独だ、拒絶されている、孤立しているという思いに悩まされている。いい印象を与える子どもたちは、クラスメートから好かれるだけではなく、先生からも実際にかわいがられているということに、気づくことも多い。

ここで使っている〝いい印象を与える〟という言葉は、必ずしも映画スターのように美しいとか、ハンサムだということを意味しない。外見的に美しい人の中にも満足度が低く、社会への適応の悪い人がいるという研究結果も出ている。そういう人々は、総じて晩年はあまり幸福だとはいえない。

これらの洞察から、何を学ぶことができるだろうか？

私たちは、受け継いだ遺伝子については何も選択することはできない。体型や身体の構造、容貌などは変えようがないのだ。だから、ないものねだりをするよりは、健康と立ち居振る舞いに気をつけたほうが賢明だ。そして、自分の持っている特徴を最大限に生かすための努力をするほうがずっといい。私たちは、好き嫌いにかかわらず、外見上の印象で判断し、また、判断されている。瞬間的な判断である印象は、あとあとまで影響力を持つものだ。だとしたら、下手な演技をするよりも、自分らしさを表現したほうがいいに決まっている。

次に、人間は、他人にどう映っているかを基準にして行動するわけではなく、自分にどう感じられるかを基準にして行動しているということを覚えておきたい。つまり、自分の容貌に十分満足している人は、人生というゲームにおいて、他人より一歩先行していると言っていい。

現代のような上っ面重視の社会では、積極的な自己表現の真の意味を考えるときには、まぎれもなく合理的な価値基準が必要となってくる。

私たちは、多くの物を手に入れようとしているようだ。お金で一流を装ったり、若さや表面的な幸せを買おうというときなど、極端な自己礼賛やわがままに走るのだ。しかし、世界中の人に見せびらかすための家、車、服、そして高価な家財やアクセサリーを持つことは、「自分はこんなに裕福なんだぞ」と他人に主張しているだけにすぎないということを知っている。

自分が裕福だということを、精一杯、他人に対して主張することは、逆にその主張した生活水準を自分に納得させるために役立っているという事実のほうが重要だ。現代は、クレジットカードの氾濫のおかげで、簡単に物を手に入れ、使うことができる。これを、プラスチックのカード1枚で何でも用が足せる〝プラスチック時代〟と呼んでもいいだろう。このクレジットカードの出現のおかげで、ほとんどの人が家の前にキャデラックやモーターボートやキャンピングカーを陳列することができる。

第2章でも述べたように、たくさんのおもちゃを見せびらかしたり、豊かさや物質的成功を誇示することは、自分に対する評価の低さや自分の価値を認めていないことを宣伝しているようなものだ。自分に対して尊敬の念を持てる人間は、たとえ自分が裕福で何でも買えるとしても、地域社会に謙虚なイメージを与えることができるはずだ。

つまり**勝者とは、成功を誇示することなく、自然に表現できる人物のこと**だ。勝者とは、いつも最高級の物を買う余裕は持っていないかもしれないが、自分のできる範囲で最高のことをする者だ。

私たちは金持ちである必要はない。成功していると見られたいために全財産を注ぎ込む必要もない。必要なことは、**身だしなみにほんの少し注意を払い、身支度にもう少しだけ時間をかける**ことだ。外見のよさは、自分にとって重要な人の足を止めさせることができる。それは、内面的価値にまで注意を引きつけることができる可能性を持った有効な方法でもある。

自分の価値を伝える自己紹介

勝つための自己表現において重要な点がもう一つある。それは、**自己紹介の方法**だ。これはあまりに基本的すぎてばかげていると思われるかもしれないが、勝者は初対面のとき、必ず、まず自分の名前を言う。それは、実際に会って話をするときも電話のときも変わらない。まず、自分の名前を言い、それから用件を切り出す。

はじめに自分の名前を堂々と、はっきりと名乗ることは、いとも簡単に思えるが、実行できている人は少ない。はじめに自分の名前を名乗ること、これだけのことに自分は価値ある人間だという思いが投影する。そのため、相手に「覚えるに足る重要な人物だ」という印象を与えるから、相手も即座にあなたを受け容れようとするのだ。

また、初対面のとき、勝者は自分のほうから握手の手を差し出してきっかけをつくる。それが相手に敬意を表するいちばんいい方法だと知っているからだ。心のこもった握手をしながら、じっと相手を見る目と、温かく心を開いたような微笑みとで、相手の話に興味を持っていることを表現する。

おどおどした目つきは、敗者の証明書である。敗者は、相手の目を真っ直ぐ見ようとせず、下を向き、顔をそむけようとする。まるで「居心地が悪く、そんなにあなたと打ち解けることはできない」と口に出して言っているようなものだ。握手の手を差し出し、相手の目を真っ直ぐ見つめ、自分の名前をはっきりと言い、それを楽しんでいる表情と微笑み。これほど明瞭に勝者であることを示しているものはない。

一方、勝者は、聞く耳を持っている。身を乗り出すようにして聞くことで、相手に自分を投影する術を身につけているのだ。勝者は、いったん自己紹介をすると、あとは聞き役にまわる。聞き役の人間にはいろいろなことがわかるが、話し手では何もわからないことを勝者は心得ている。

勝者は、質問することによって、相手から何かを引き出そうとする。たとえば、相手の言ったことをほかの言葉に置き換えて質問する。そして、相手の主張を理解し、明確にするために、もう一度相手の言ったことを言い直してみる。そうすることが、相手に対して敬意を払うことであり、敬意を払うことが、コミュニケーションを円滑にする最大の秘訣だと見抜いているからだ。

相手に敬意を払う

現代の自己啓発の分野における最も偉大な人物の一人、アール・ナイチンゲールは、この勝者のとる手段を、他人に、私と会えて幸運だと思わせる〝思わせ態度〟と呼んでいる。この考えは、あまりにも単純なことなので、誤って受け取られがちだ。これがどのように作用し、そしてなぜそうなのかを理解するためには、十分注意して考える必要がある。

「私は、彼を喜ばせることができるだろう」という態度は、一つの生き方だ。

友人になれるだろうと思う人に、友人が逆境に陥ったときに、これから友人になるかもしれない未知の人と出会ったときに、また、誰からかかってきたかわからない電話を取ったときに、勝者の態度は、自己発散志向ではなく受け容れ志向だ。

勝者の関心は、自分自身にではなく、相手に集まっている。

相手のことを深く心にかけていると、それは必ず相手に伝わるものだ。どう伝わるのかということは言葉にはしにくいが、相手には感じられる。反対に、自分のことばかり考え、相手に関心を持っていない場合は、相手にもそのことが伝わり、何か落ち着かない気分にさせる。

どうして、私たちは他人に対してこのような感情を抱くのだろうか？　ここに一つの説明がある。非言語コミュニケーションと呼ばれているものだ。どんなに声を大にして話しても、声が大きければ大きいほど内容が伝わらないというのは、よく言われることだ。人は、言語のみで意思の疎通をはかるわけではない。これは非常に重要なことだ。

カリフォルニア大学の精神医学の教授ジャーゲン・ロイシュ博士は、その著書『非言語コミュニケーション』（*Nonverbal Communication*）でこう書いている。「私たち人間は、言語以外の信号をおよそ70万も使ってコミュニケートしている」と。

私たちが日常的に使っている語彙は、いくつあるだろうか？　そう考えると、非言語によるコミュニケーションの役割がいかに大きいかがよくわかるだろう。その効果は想像以上のものだ。

人間は、意識するしないにかかわらず、いろいろな方法を使って自分の意図や感情を伝えようとする。心の中で考えていることは、すべて表に現われると言っても過言ではない。こうした言語以外の形で発信された信号は、相手にも思考下の意識レベルで受け止められる。そして、相手の〝ロボット〟は、その信号を過去の経験にもとづいて評価し、〝判断〟へと伝達するのだ。

「私と話すことは、あなたにとってメリットがある」という態度、つまり「あなたの問題を解決するのに手を貸しますよ」という気持ちを持っていれば、無言のうちにも相手に「あなたのことを心の底から気にかけている」という信号が伝わる。もちろん、それを言葉にして言えば、耳から入ってくるものと、身体で表現しているものが一致するわけだから、相手はあなたを信用し、打ち解ける雰囲気になることは間違いない。誰でも、こうすることによって他人の信用を得て、人生の勝者となることができる。

逆に言えば、勝者となる者は、相手を総合的な視点で観察しているともいえる。目の前にいる相手が手を組んだり、腕組みをしたりしているとき、それは相手が自分を守ろうとする防衛姿勢の現われであるかもしれない。また、その相手が内向的な性格であることを表わしているのかもしれない。手を腰に当てたり、活発なジェスチャーをするときは、攻撃的な気分になっている可能性も高い。勝者は、相手の話す言葉だけではなく、ボディ・ランゲージにも耳を傾けているのだ。

勝者となる者は、注意して相手の目を見ることも忘れない。内気な人、あるいは罪の意識を持っている人は、下を向いたり、目をそらせたりする。目は、怒ればギラギラと輝きもするし、驚けば一点を凝視したりもする。実によく感情を表現する窓口だからだ。

また勝者は、声にも注意を払う。話している言葉の意味ばかりではない。声のトーンが発している信号にも気をつけるのだ。それは、震え声であったり、神経質にカン高く笑う声だったりする。話をしている相手が、無表情な一本調子の声を出す練習を積んでいるのか、あるいは明白に話そうと努力しているのか、ドラマのように神秘がかった役を演じたがっているのか、勝者はするどく観察している。

物事を柔軟に受け取る

仕事で、個人的交遊関係で、また家庭内でも、スムーズな人間関係を持てるように、勝者は、全力を尽くす。けっして中途半端なやり方はしない。

聞き手としては、相手の言わんとすることを漏らさず聞こうとする。話し手としては、自分の言うことを完全に相手が理解したかどうか確認するのを忘れない。たとえば、例を示して説明する、いま言ったことを相手に繰り返させる、あるいは別の言い方に置き換えて繰り返し説明する。それらの作業をするなかで、自分が本当に言いたいことを相手に根気よくわからせようとするのだ。

加えて、勝者には話術の秘訣がある。それは「KISS方式」と呼ばれるものだ。すなわち、「Keep It Straightforward and Simple──率直かつ簡潔に」ということだ。人間は、同じことを見たり聞いたりしても、一人ひとり違った受け取り方をする。勝者は、その点をはっきり認識しているので、なるべく明瞭、簡潔、単純な単語と実例を使って話そうとするのだ。意味の曖昧な言葉やいろいろに解釈できる言葉が、誤解や思い込みの原因になりやすいことは言うまでもない。

最後に、これは最も重要なことだが、相手の言うことに対して、建設的にとらえようとすることだ。勝者は皮肉屋ではないし、批判的な発言もしない。たとえ自分の信念とはまったく相反する考え方に出合ったとしても、それを、自分とは異なるが、一つの有効な見方であるかもしれないと受け容れる柔軟さがある。勝者は言う。

「あなたのおっしゃることはよくわかりますし、あなたの立場も尊重します。しかし、私は違ったふうに感じているんですよ。よろしかったら、どうして私が違うことを考えているか聞いていただきたいのですが」

ウィル・ロジャースは、「いままで会った人の中に嫌いな人はいない」と言った。これは、彼が会った人々すべての性格やクセを受け容れたというわけではない、と私は思っている。彼は、すべての人の中に何か一つでも尊敬できる点を見つけたということなのだ。

相手から何かを得ようという姿勢があってはじめて、得ることができる。他人から愛されたいと思うなら、まず自分自身が他人を愛せる人間でなければいけないのだ。

あなたの人生の中には、あなたに最も大きな影響を与えた人たちがいるだろう。その人々のことを改めて考えてみてほしい。あなたのことを本当に気づかってくれた人たちであることは明らかだろう。両親、素晴らしい先生、仕事仲間、いい友達、誰を思い浮かべてみても、あなたに関心を持ってくれた人だ。そして、多少なりともあなたの影響を受けていると思う人は、あなたが心にかけている人だけだとは思わないだろうか？

気にかかる人と一緒にいるときに、心を占めているのは相手の関心事で、自分のことではないだろう。この傾向は、配偶者に対してと両親に対して最も顕著に現われる。だが、それればかりではない。人生におけるあらゆる人間関係においてもまったく同様な現象なのだ。「結婚とは、互いにじっと見つめ合うことではなく、二人が同じ方向を見ていることだ」とは、よく言われることである。これは、結婚についてのみに言えることではない。人生のさまざまなつき合いにおいても同じことだ。**人生とは、互いに向き合って過ごすわけではなく、ともに手をたずさえて同じ方向へ歩んでいくもの**だといえる。その相手とうまくいくかどうか、またその人と発展的なつき合いができるかどうかのカギもそこにある。他人の問題の解決にどれだけ手を貸せるか、と考える能力を持つことが、自分自身の問題を解決するための能力でもある。

これが勝つことのできる自己表現だ。

勝者は言う。

「私と話ができてよかったでしょう」

そして相手からも、

「あなたといるのが、いちばんいいですね」

と言われる。この言葉を会う人ごとから聞くようになれば、あなたは真の人生の勝者だといえる。

互いに助け合って、一緒に勝利しようではないか。毎日、勝者としての自分を表現しよう。

ムダにできる時間はないのだ。

まとめ 内容がしっかりと頭に入るまで、1ヵ月間繰り返し読むこと

勝者は、自分を印象的に表現することができる。常日頃から、さまざまな行動――ものの見方、歩き方、話し方、聞き方、対応の仕方に最高の自分を表現する。彼らは、自分の情報を与えたり、流したりするばかりでなく、自分の接する人々からそれぞれの情報を得

ようとする。そして、相手の本当の気持ちを知り、実りあるコミュニケーションをしようと全力を尽くして努力する。

勝者は、人間関係においては第一印象が最も強烈であり、その後の相互の関係は、最初の4分間で決定されるも同然だと承知している。勝者は「私と話ができてよかったでしょう」と言う。相手は「あなたといるのがいちばんいい」と言うはずだ。自分の名前を気軽に言い、心温まる微笑を浮かべている顔ほど、勝者であることをはっきり示す証はない。彼らは握手の手を差し伸べ、相手の目をじっと見つめながら、その人生観を聞くなどして相手に関心のあることを示す。

勝者は、相手に敬意を払うことがコミュニケーションの最大の秘訣だと心得ている。

勝者は言う。

「何をしてほしいのか言ってみたまえ。たぶん一緒にできることがあるだろう」

敗者はつぶやく。

「そんなこと話し合っても何にもならないさ。だいたい、オレたちは波長が合わないんだから」

より印象的に自己表現をするために、今日から始める10のこと

①自分に対する認識を正しく持つこと

自然の神秘と豊かさに目を向けること。自分をごまかさないこと。あなたが健康で元気があるのなら、それを活用すべきだ。客観的な目で自分を見るようにすることが大切。

②肯定的に自分を評価すること

自分の価値に対する認識を深め、それをほかの人々に伝える。自分のことを自慢気に話してみる。

③率先して自分をコントロールすること

十分な準備をし、自信を持って行動することによって運も開ける。それが責任のある自分のイメージをつくり出すことでもある。

④モチベーションを高めること

成功したときの成果だけを考える。失敗したらどうなるかなどという取り越し苦労は忘れて、自分にも仲間たちにもやる気を起こさせる。

⑤大胆な自己期待を持つこと

あなたが熱意を燃やせば、それはまたたくまに周囲に伝わり、ほとんどの人がその

熱意に敬意を表するに違いない。

⑥どん欲に自己イメージをつくり上げること

あらん限りの想像力を駆使して自分の魅力について考える。そして、創造的な、生き生きとした自分を心の中に描き、ますます増大していく自分の魅力を積極的に思い描くこと。

⑦明確な目標を設定すること

紙に自分の目標を書き、その目標に到達する手助けをしてくれる人たちと相談し、討議する。

⑧活発な自分訓練に励むこと

現在の目標をはっきりと意識し、その目標を次々と達成していく自分を頭に描く。リラックスした状態で何度もこれを繰り返すこと。初志貫徹だ。

⑨豊かな人生観を持つこと

自分だけが勝てばいいと思ってはいけない。ほかの人々をも勝者にできる勝者として振る舞う。

⑩印象的に自分を表現すること

本書をほかの本のように読み過ごさないでほしい。じっくり読んで、そして行動を起こすことだ。

人生の目標を達成しようとするとき
限界がたった一つある。
それは、自分が決めた限界だ。

エピローグ 人生の勝利者となるために

『新訳　成功の心理学』は、自分自身の人生を満喫し、活気づけるライフスタイルを育てるものだ。同時に、あなたの指導と励ましを望んでいる人々に、活力ある人生の模範を示すことでもある。そのためのカギは、あなたがこうなりたいとする理想の自分のイメージをはっきりととらえ、毎日そのイメージ通りに生活を送ることだ。

後悔グセ、喫煙、過飲や過食、怠惰、不安感、憂鬱、いいかげんさ、不正直、残忍さ、そして鈍感といった敗者の特質は、絶え間ない繰り返しによって身についた習慣なのだ。同じように、勝つための習慣も、経験から自分に覚え込ませ、持続させればよいではないか。

人生の勝者は、素晴らしい叙情的な映画のように、自分の人生を心の中に描く。それは、自分がその映画の作者であり、プロデューサー、ディレクター、主演俳優であると空想することから始まる。

人生の完全な勝者となるための10の方法を生活の中で実践するとき、それらは、成功の条件を満たし、個人的成長を促進するための10ヵ条となる。

第1ステップ、積極的な自己認識を持つ計画から始めよう。いつもの生活から一歩引き下がって、海岸を、森を、山道を歩いてみるといい。自然の神秘と豊かさを観察できる。その中で、いま自分は何をしているのか、どこへ向かっているのか、そして、どんな人間になりたいのか、正直に見つめてみることだ。そうすれば、いかに自分が素晴らしい個性を持っているのかを見極めることができ、自分の潜在能力のすべてについて、いかに過小評価してきたかに気づくに違いない。

自分をごまかすのは、もうやめよう。健康で元気があるなら、それを活用すべきだ。自分自身を〝こういう人間だ〟と想定してしまう前に、自分の人生に影響を与えた人たちのことを思い浮かべ、〝彼らはどう考えているのか〟を肌で感じるようにする。彼らの目で、自分自身を見つめ直してみる。

第2ステップ、肯定的に自分を評価するための計画を立てる。

どんな理由にせよ、賛辞、贈り物、価値あるすべてのものを他人から受け取るとき、多少は照れくさくても、無邪気に「ありがとう」と言って受け取ること。感謝の言葉に含まれた感情の手触りを得るのだ。

自分のことを、未完成ではあるが、成長している人間だと考えたい。自分自身に愛情を注げない人間は、ほかの人とも愛情を分かち合うことはできない。目標達成の実績を、白分に向かって自慢しなさい。次の目標を、自分に言い聞かせなさい。自分は勝者としての日々を送っていると、口に出して言いなさい。あなたの〝ロボット〟は、ちゃんとその言葉を聞いている。

第3ステップは、率先して自己コントロールできる人間だと、自らを位置づけることから始まる。素晴らしい成果があがったときは、この結果を導き出した要因をつくったのは、自分だとはっきり自覚する。あなたがそうなるように仕向けたのだ。人生はたった一人で成し遂げる大事業だということを、頭に叩き込みなさい。

毎日の生活の中で、私たちは無意識のうちに数々の選択をしている。選択の幅は広く、私たちは多くの可能性を持っているといえる。なかには、運のよい選択もあるし、運が悪い選択もあるだろう。しかし、〝運〟というものは、入念な準備と自信を持った行動によって、自分自身が切り開いていくのだということを覚えておいてほしい。

緊張をほぐす方法、身体機能をコントロールする方法、食事療法、リラクゼーション、あるいは瞑想などを用いて、自律機能をコントロールすることを身につける。身体機能はコントロール不能だと思っている人も多いが、これは訓練によって可能になるという事実を信じなさい。

以上の3ヵ条からなる特性を身につけると自然に、**第4ステップのモチベーションを高めること**へと向かうはずだ。自分の潜在能力をはっきりと認識し、自分には価値があると感じ、そして、自分に託された使命を信じたとき、あなたは、前進したいという願望に身体がウズウズするのを感じるだろう。その願望を推し進めていくのだ。

ここで、一つ覚えておきたいことがある。それは、頭から片時も離れないことであれば、人間は自然とその方向に向かっていくということだ。だから、始めないうちから怖がるのはやめて、もっと強く願望を意識し、自分自身のやる気を高めることが大切である。加えて、自分のみならず、親しい人々にも希望を与え、やる気を喚起する。恐怖によるストレスは、不安感やノイローゼ、潰瘍、病気の原因になるが、願望によるストレスは、まったく反対に、エネルギーや活気、創造力、磁石のように人を引きつける魅力の供給源になる。**第5ステップ、自分への大胆な期待を持つ**こと。これは勝者の顕著な特徴の一つだ。やる気を持ち、前進しているときにこそ、自分に対する期待を大きく膨らませることが重要だ。自分の力を楽天的に観察すること。精神身体医学の力を借りて、自分の力だけで、ある程度運命を変化させ、運は開くことができるという、現実の認識を高めるのだ。絶対に実現するはずだと深く信じてやまない者は、本当にその通りのことが起こる。熱意を持てば、それは必ず人の心に伝わり、影響を与え、ほとんどの人がその熱意につき動かされる。

第6ステップは、どん欲に自己イメージをつくることだ。ここでは、理想的な自分を想像し、それが現実の自分を支配するまで訓練を重ねる。自分の〝ロボット〟の目標を高く設定すること。そうすれば、実際の行ないや立ち居振る舞いも、自動的にそのレベルに合ってくるという事実を覚えておこう。言葉、絵や写真、感情を通して、自分に高いレベルの目標を植えつけなさい。そうすれば、やがてそれを得ることができる。

〝ロボット〟にインプットされた情報は、けっして消すことはできない。しかし、古い情報に新しい情報を上書きすることはできる。さらに私たちにとって有利なことは、〝ロボット〟のレベルでは、現実に起こっている出来事と、何度も繰り返し教え込まれた空想との区別ができないことだ。だからこそ、想像力で自分の世界を支配することができる。

第7ステップ、明確な目標設定をすることによって、生きる目的をもたらすこと。生きた驚異的コンピュータである人間の脳は、特定の条件を与えれば、きわめて優れた指示機能を発揮する。人生の中に、現実的で、かつ段階的に高めていくことのできる価値ある目標を設定しなさい。その目標を紙に書き、さらに達成するための月ごとの目標、1日になすべきことをリストアップする。ここで忘れてならないのは、〝ロボット〟は自動操縦装置のようなものだということだ。定められた目標は探すが、エリア内に目標物が見つからない場合は、目標を失ってさまよい、最終的には自己破壊作用を起こす。まるで現実性のない、夢物語のような目標を、はじめから設定するのは危険だ。

目標が定まり、その達成を心に決めたとき、いよいよ**第8ステップ、自己訓練**が始まる。真の自己訓練とは、目標に達したつ、も、り、に、な、ることだ。また、到達までに多くの人の力を借りなければならないような場合には、自分にできる範囲内で精一杯の努力をすることだ。負けるのは、自分がつくった習慣である。勝つこともしかり。勝者となる者は、勝負が決まる前から、まるで勝ったかのように振る舞う。成功した人間の役割を、何度も何度も繰り返し演じることによって、成功を疑似体験する。

まず、リラックスした気分をつくること。そして、目標を明確にし、その目標を一つずつ達成していく自分を頭に描きなさい。到達までの過程を言葉にして、自分に言い聞かせなさい。それを何度も繰り返すのだ。

〈具体的に想像する＋自分で信じ込む＝現実化〉

この方程式こそは、生涯にわたって通用する成功の定理だ。

毎週、成功をシミュレートし、目的を達成した感激にひたれるようになったら、**第9ステップ、豊かな人生観を持つ**ための過程に移行しよう。世界観が広がれば、人生において最も価値あることは何かがわかるだろう。

家庭に、職場に、地域社会に、国中に、地球上の全人類の中に、宇宙に息づく生命体のすべてに、自分自身が心身ともに優れた勝者であることを示しなさい。誰からも尊敬される人物になることだ。自分が成功すると同時に、他人の成功に手を貸せる人間になることだ。他人から奪うことなく、他人の利益になることをするよう心掛けるのである。皆一緒に成功するのだという気持ちを持つこと。目標達成をこれ以上遅らせてはならない。〝いつか〟という日は永遠にこない。いま、やるのだ。

そして、**第10ステップ、印象的な自己表現**ができるようになったら、思考と行動は別々のものではなく、渾然一体としてあるものだという認識を持つことだろう。ここに、基本的かつ重要な法則がある。

「他人に愛されたいと望むなら、まず、他人を愛すること。尊敬を得たいと望むなら、しかるべき行動をとること」

人生の進路には、変化がつきものだ。そうであるなら、どうして勝つ方向へ羅針盤を合わせないのか？　遺伝子も幼児期の環境も変えることはできない。しかし、それらに対する受け止め方は変えることができる。自分の人生を、もっと健やかに、喜びにあふれた価値あるものとしてとらえる方法を学ぶことは、いまからでも遅くはない。

今日、数え切れないほどの自律訓練プログラムやそれに関する本があり、それぞれが独自に自己実現と個人の幸福を生み出す方法を提唱している。その範囲は実に広く、デール・

カーネギーからピラミッド・パワーの活用、また、脅迫から瞑想、宗教へと各種の分野にわたっている。

本というものは、著者が自分の考えをほかの人と分かち合わんがために書いたものだ。読者はページをめくり、反応し、比較し、思い出し、そして答える。つまり、読者、つまりあなたが本に生命を吹き込む。読み終えられた本は閉じられ、本棚に立てかけられ、忘れられていくか、あるいは読みたがっている次の人に渡される。欲しがっている人に贈られることもある。きっとあなたも、こうしてきたことだろう。人々が、本から何かを吸収して、自分の人生に生かしていくことは、ほとんどないと言っていい。

ここに『新訳　成功の心理学』という1冊の本がある。あなたは、これをいま読み終えたばかりだ。いままでと同じパターンを繰り返してはいけない。

さあ、さっそく行動に移そうではないか。

訳者あとがき

不安な時代の道標

『新訳　成功の心理学』で語られる成功とは、人生の勝者という意味であり、今日言われているような「勝ち組」「負け組」という意味ではない。そもそも、勝ち組、負け組という分類は、心の弱っている人たちが好むものである。彼らは、人生に失望してしまっているのだ。

成功とは、一人になってもエネルギーが満ちあふれ、元気に、意欲的でいられる情緒的成熟を表わしている。情緒的に成熟すると、人に認められるために自分を曲げることが嫌になってしまうであろう。

本書には、そうした成功者になるためにはどうすればよいか、つまり人間としての原点が書かれている。不変の原点を追究しているからこそ、初版発行から30年近くが経過したいまでも、読者に感動を与えるのだ。

「自分を知ること」から始まり、「肯定的な自己評価」や「印象的な自己表現」といったことは、200年前の鎖国時代にも重要であり、グローバルないまの時代にも、さらには200年後の世界を生きるためにも変わらず有効な考え方である。また、「明確な目標設定」が、幸せな人生を送る人の共通点の一つであることは、さまざまな研究によって明らかになっている。

デニス・ウェイトリーが推奨する〝心の姿勢〟を実践し、心理的に安定することができれば、仕事の能率は上がり、困難な仕事にも進んで挑戦できるようになる。また、たとえ社会的に失敗してしまったとしても、鍛えられた心によって生きるエネルギーを持ち続けることができるはずだ。けっして、自分自身に失望することなどない。

ところが、現在のようなグローバル化が進む時代にあり、毎日が目まぐるしく変化していると、誰しもが不安を抱き、目先の表面的な変化に気を奪われてしまう。そして、人間としての原点が何であるかを見失ってしまうのだ。人間としての原点を忘れると、人間関係も何もかもがぐちゃぐちゃになる。

企業の幹部は、この変化の時代を生き延びるために、「変化を恐れない強い人間になれ」と社員に求める。「未知の分野を恐れてはいけない」「変化を恐れて適応できないものは、これからの時代は滅びてしまう」と熱弁を振るう。

このように、変化だ、スピードだ、と言われることが、疲労と消耗、イライラ、そして意気阻喪《そそう》を引き起こす。当然ながら、不慣れな状況に置かれると、誰でも、どうしたらいいかわからずに不安を感じるものであり、その結果、原点という道を踏み外してしまうのだ。

何よりも、人々は自分の人生に意味と価値を感じなくなっているのではないだろうか？些細なことであってもひどく落ち込んでしまい、ちょっとしたことで「あー、もう駄目だ」と思ってしまう。生命力が落ちているように感じる。

心理的なエネルギーがあれば苦労を苦労と感じないが、心が疲れていると、何でもないことを苦に感じる。取るに足らないことも苦しく感じ、生きていること自体が辛くなってしまう。

そうなれば「何のために生きているのか？」と疑問に思って不思議ではない。

多くの人は、人生に経済的成功や効率を求めるなかで、充足感も達成感もない日々を生きている。その結果、いつも何となく不愉快である。衝動の満足を求めながらでは、気持ちの安定はない。

原点から外れて、馬車馬のように働く生活の果てには、楽しい人生など訪れない。人々が自分の人生に意味と価値を感じなくなっているということは、危機的状況なのだ。

聖書に次ぐ世界最大のベストセラー『預言者』（カリール・ジブラン著、邦訳多数）に、働くことについて書かれた箇所がある。人は大地の魂に足並みをあわせて働く。そのため、怠けることは季節の異邦人になることであり、生命の歩みから足を踏み外すことである、と述べている。季節の異邦人になることが怠けることである、とは名言だ。

カリール・ジブランは、働いているときに、あなたは時のささやきを音楽に変える、とも言っている。これまで、人々は仕事を呪い、働くことが災いと聞かされてきたが、そうではない。働くことは夢を実現することである、と。

そして、常に働くことで人生を愛することになる、と彼は説く。働かないで娯楽だけを求めれば、生きることの意味を見失い、人生は災いとなる。ジブランは、働くことを通して人生の最も根底にある秘密を知ることができる、と言っているのだ。

人は、娯楽を通して幸せになるのではない。働くことを通して幸せになる。彼の言葉で言えば、額の汗が人に幸せをもたらすのだ。

ジブランはまた、自分自身の愛で風の声を優しい歌に変える人こそが偉大なのだ、と語る。人生から自分に語りかけてくることを意味あるものに変えられる人こそ、偉大なのである。

今日のように、グローバリズムだ、金融危機だ、円高だと忙しく騒がれる時代だからこそ、人は人間としての原点を忘れてはいけない。人間として最も重要な原点に、グローバリズムも金融危機もへったくれもないのだ。

たとえば、フロイトが言うように、エディプス・コンプレックスの解消は人類普遍の課題である。エディプス・コンプレックスの解消とは、簡単に言えば〝心理的自立〟である。表面的な変化に気を奪われて、「自分自身の強さと統一性」、つまり心理的な健康を放棄すれば、社会的に成功しても自らに失望してしまう。そして、何をしても気持ちがスッキリとしない。なんだかわからないけど腹が立つ。しかし、その怒りを直接外に表現することができず、気持ちのうえでは八方塞がりの状態となる。

心理的な健康を維持できるビジネスパーソンこそが、今の「変化の時代」を乗り切ることができる。なぜなら、彼らは、変化に脅えることなどないのだから。

長い期間にわたって最も活動的な人間は、年齢にふさわしい、心理的な成長を遂げた人間である。

現代人の心がストレスで病んでいくことの、最も大きな原因は何だろうか？　それこそを、この『新訳　成功の心理学』から探ってほしい。

経済的な格差社会に人々は注目するが、いま本当に恐ろしいのは「心の格差社会」である。幸せな人はどんどん幸せになり、不幸な人はどんどん不幸になる。大富豪が自殺をする。ビジネスでは大成功を収めていながら、私生活では奥さんに暴力をふるっている者もいる。

ベラン・ウルフが、半世紀以上前に出版した著作『どうしたら幸福になれるか　上・下』（周郷博訳、岩波新書、1960〜61年）の中で指摘したように、幸福も不幸も複利で増えていくのである。

「心の格差社会」の犠牲にならないためにも、この『新訳　成功の心理学』をしっかりと理解してほしい。

2012年4月

加藤　諦三

[著者]
デニス・ウェイトリー (Denis Waitley)

人間行動学博士。能力・モチベーション開発の専門家。1933年生まれ。米国海軍士官学校卒業。南カリフォルニア大学客員教授、全米オリンピック委員会心理学部会委員長などを歴任し、宇宙飛行士から一流アスリート、経営者、学生まで、幅広い人々の指導に携っている。米国航空宇宙局(NASA)ではアポロ宇宙飛行士のストレスマネジメントを指導。ベトナム戦争捕虜のリハビリやカウンセリングなどにも尽力した。高校教育への貢献に対して、全米青年リーダーシップ協議会から大賞を授与されている。音声教材は14カ国語に翻訳されており、『幸種　しあわせだね』(講談社)など著書多数。

[訳者]
加藤諦三(かとう・たいぞう)

1938年、東京都生まれ。東京大学教養学部教養学科を経て、同大学院社会学研究科修士課程を修了。1973年以来、度々、ハーヴァード大学客員研究員を務める。現在は、早稲田大学名誉教授、ハーヴァード大学ライシャワー研究所客員研究員、日本精神衛生学会顧問、ニッポン放送系ラジオ番組「テレフォン人生相談」レギュラーパーソナリティ。

新訳　成功の心理学
——人生の勝者に生まれ変わる10の方法

2012年4月19日　第1刷発行
2014年3月14日　第9刷発行

著　者——デニス・ウェイトリー
訳　者——加藤諦三
発行所——ダイヤモンド社
〒150-8409　東京都渋谷区神宮前6-12-17
http://www.diamond.co.jp/
電話／03·5778·7234(編集)　03·5778·7240(販売)
装丁·本文デザイン——廣田清子(Office Sun Ra)
本文DTP——桜井淳
製作進行——ダイヤモンド·グラフィック社
印刷——堀内印刷所(本文)・加藤文明社(カバー)
製本——ブックアート
編集担当——村田康明

ISBN 978-4-478-01299-4